顧蕙倩——主編

宋怡慧、張馨云、黃琇苓、顧蕙倩、歐陽宜璋

編撰

漾young

智造特色

朝向**高中國文多元選修課程**
之理論與實務

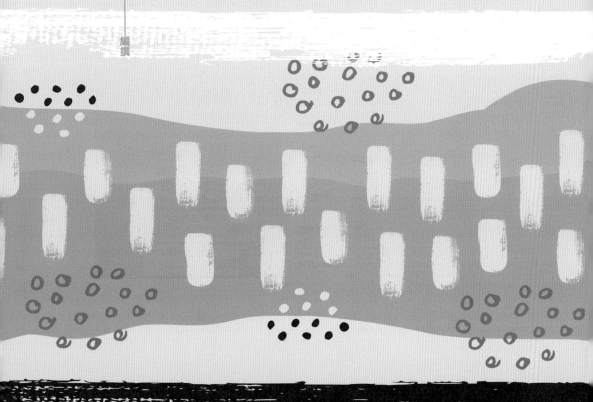

自造自創的改變

　　多次跟怡慧及琇苓談起大學多元入學、跨域教學、素養教育、學習方法、課程改革等議題，沒想到兩位心思靈動的高中老師，早已結合一樣從師大國文系畢業的學姊妹們，寫了「漾－智造特色」這本書，分享在高中不一樣的國文教學，以五力：視覺力、閱讀力、在地力、資訊力、全球力，來回應新課綱中多元選修，校本特色的需求，培養學生自主學習、溝通互動、社會參與的關鍵能力。除了佩服她們勇於突破、不拘泥於傳統的課本教學外，更敬佩五位老師紮實深厚、細緻周全的學術專業及教學理念。

　　在台灣很多人都有痛苦及慘白的高中學習經驗，為了大學聯考，參考書試題一遍又一遍的練習，晚上及週末擠在窄窄的補習班教室，但真正又學到了什麼？我們年輕的智能發展了什麼？如果高中國文課或特色課程可以如這五位老師在本書中所設計的教案教學，讓學生的想像力可以馳騁，思辨力可以提升，跟生活可以連結，跟世界可以接軌，評量方式可以改變，這樣的學習也是學生喜歡的，實在沒有不行動的理由！做家長也一定可以放心的讓的孩子在學校學習！

　　有好老師才有好教育，任何的教育改革，如果沒有願意配合改

變的老師，都註定失敗。教師的改變不能只是從上而下的要求，真正的改變是老師自發自省，自造自創的改變，才是真正的改變。在十二年國教課綱推動的過程中，我們看到很多來自高中現場教師的理想與行動，也讓人對這波的教育改革充滿期待，對台灣的教育燃起希望。

國立臺灣師範大學教務長

陳昭珍　謹誌

自主學習的黃金階梯

　　歐陽宜璋、顧蕙倩、宋怡慧、張馨云、黃琇苓（按章節作者順序）五位老師所著《漾～智造特色》一書，副標題「朝向高中國文多元選修課程之理論與實務」，讀畢有名符其實，意在筆先、筆不到意到之快感，是可以深掘寶藏、值得一讀再讀的好書。

　　所謂名符其實者，在其「漾」也。如本書緒論「從十二年國教課綱核心素養到高中國文的智造特色」所言：「如果每一位教學工作者都能因應時空變化與學生特質，依照專業領域與學生的需求去設計不同的課程，那麼中小學的基礎教育將會成為自主行動的初階，而不再是一座封閉的高塔，無法參與社會互動，進而被拒於世界共同體之外。」這是作者們透過具體的課程設計與教學行動，在原本靜止的校園淺灘中，藉投問路石進而拋磚引玉，蕩漾起陣陣教學改造的波瀾；就像在一座封閉的高塔中，拋擲出社會互動的鋼索，與外界搭起溝通的橋樑，不但突破了封鎖，更贏得塔中人踏出自主行動的第一步。

　　所謂意在筆先者，可從前言「如何使用本書」窺得一斑：「如何在沒這麼多選修空間讓老師開課的情況下，多元選修課程依然能兼顧基礎科目學習能力與多元學習實踐能力，充分掌握學習天秤兩

端的籌碼呢？」這是作者們透過「視覺力：我的城市我的歌、閱讀力：去閱讀越讀趣、在地力：後大安書寫、全球力：雙語玩文學愛臺灣、資訊力：聲情×搜神記」等六篇教學經驗分享，旁敲側擊借力引導，讓任課教師們「對於即將實施的十二年國教課綱多元選修課程（跨科），有更明確的理論與實務（體驗），也提供了課程的文本去按圖索驥。」可見作者們在成書之前，就期許未來這些篇章，能讓面臨新課綱的挑戰而徬徨迷途者，有所依循。

　　所謂筆不到意到者：在「後記」中，作者們建議「本書所集結的五種教案，從單科設計到跨科整合，從文本到數位的跨越，從個人到社區，從單元到議題，服膺著視覺、閱讀、在地、資訊與全球化的各種面向，提供策略性的模組及實作的步驟，這是特色課程教學萌芽的開端，亦可作為未來設計多元選修課程的參考。」多數教師可能很容易發現，本書的實作場域，是以都會區為主，如台北市、新北市、台南市，實作對象也以於明星高中居多，如建中、一女中、師大附中、臺南女中。然而個人以為，這正是本書價值所在，即冀望偏鄉離島地區教師，也能一起參考本書，統整各自學校特色、校本課程、特色課程概念，形塑各校未來發展的關鍵能力。

　　五位老師的學術專業與教學理念，充分展現在本書字裡行間，對於即將實施的十二年國教課綱多元選修課程，也以教學行動扮演領頭羊的角色，其誠心高義令人佩服。個人謹推薦本書給所有高中多元選修課程的任課教師，相信此書在手，課程設計必能事半功倍，而教學行動也必能嘉惠學子。

宜蘭縣政府教育處處長

簡菲莉

前瞻適才適性教育的思辯與實踐

　　臺灣號稱十二年國教課綱上路，將推動高中職適才適性的「多元選修」課程、一生一課表等新制度，鼓勵高中生獨立思考，並且及早發現自身專長，進行更清晰的生涯規劃。當我們還在思索高中老師該如何設計選修課時，近年在國際學生評估計劃成績亮眼的芬蘭，提出更大幅度的教改方案，預計在新課綱中刪去課表上物理、數學等單一學科，課綱中列出希望學生具備的7種跨領域能力，以跨學科的主題式學習取代傳統的單一學科教學。芬蘭的「現象式」教學（phenomena teaching）理想中，「觀光休閒」主題課程的設計，就包含觀光服務業的實習，以及語言、寫作及溝通能力等，希望讓學生認識跨國服務業的現況與變遷。而「歐盟」主題課程就比較學術性，包含歷史、經濟及外文等科目組成。顯然，面對未來世界的挑戰，高中教育能夠給青年的不僅僅是知識，更包含就業與生涯的準備。

　　臺灣從1983年修訂高級中學課程標準，引進「以選修代替分組」，在課程中設置六類64科選修課程，希望提供學生選修，以發揮分化適性教育的功能。高中教育裡的選修課，因為學生升學的壓力大，在學校、教師、家長與學生的多方角力下，多半未能落實在

本地的課堂中。《漾～智造特色：朝向高中國文多元選修課程之理論與實務》一書，是一群前衛、熱誠與創意十足的老師，把握有限的教育創新機會，發展出一系列選修課程，補強了過去選修課程範例不足的窘境，更值得欣喜的是，展現出臺灣教育界也正朝向跨領域教學，讓高中生更具有面對未來的視野。

選修課與學分制的建構，有著密不可分的關係。學分制源於美國，1894年哈佛大學首先採用學分制，哈佛醫學院藉此改革，希望激發學生學習的主動性、積極性和獨立性，有效開發學生的潛能；同時，學校可以把選課的人數作為評價教師的一種基準，增強大學教師的競爭力，改善教學的成效。不過高中端擴大選修課的討論，往往陷入基礎學術知識遭到排擠的疑慮，這尤其在高中推動國文選修課時，是最容易聽見的反對理由。例如「十二年國教總綱」於2014年10月5日拍板定案，與現行課綱相較，國文、英文、社會、自然四科必修學分減四到六個學分，預計2018年八月實施。「十二年國教總綱」下，高中國文從現行必修24學分，減為必修20加選修4學分，立即引起一些社會輿論搶救國文教育聯盟不滿，認為將使國語文教學無法扎根，希望教育部重新審議。

提高選修課學分數，也勢必降低升學考試科目的授課時數，當學校、家長、學生依舊以升學成績作為教育的成敗判準，也使得選修課的推動遭遇反對力量。尤其在臺灣近年來，普通高中與綜合高中人數相較於高職體系比例逐漸增加，當大學文憑備受重視，大量高中生有著升學的壓力，就把壓力轉嫁在高中課程與教學之上，於是形成了十分弔詭的現象：教育改革者直指必修學分過多，選修學分缺乏彈性，不斷透過課綱修正加以調整，但實際上，在升學壓力之下，學校把選修課開設升學相關的內容，或是學生選擇對升學最

有力的學分來修習，選修學分形同虛設。高中課程課務發展工作圈於2007年的調查研究指出，50所高中開設95暫綱選修課程的類別大多為升學或學科類別，尤其是高二、高三預定開設選修語文類、數學類、社會學科類與自然科學類者平均高於九成，顯然教育改革對高中教育現場，已經形成「上有政策、下有對策」的現象？看來不無疑問。

面對大環境不重視選修課的狀況下，《漾～智造特色：朝向高中國文多元選修課程之理論與實務》一書的五位老師顯然逆流而上，她們學養俱佳，或在大學開課，或獲獎無數，或長期擔任教育部高中國文學科中心的種子教師，全國巡迴演講，分享教案，此時提出五個教案，擲地有聲，無異是一隻強心針，要矯正教育環境長年忽略選修的病症。

歐陽宜璋的「城中詩樂園」（Poetry paradise in Taipei city）、顧蕙倩的「後大安書寫」以及黃琇苓的「聲情×搜神記」等三組課程，結合文學經典、人文地理，平面媒體編輯、報導文學、紀錄片拍攝與展演。就知識面言，這一系列的國文選修課程擴大了「必讀經典」的閱讀、詮釋與理解的範疇，更進一步把流行文化的文本納入課程中，可以提醒老師們，在選修課的設計上，可以吸納更多元的文學與文化課題進入高中校園，舉凡區域文學、小說選讀、電影與文學或是媒體寫作等主題，開放各式各樣的文本進入課堂，讓學生迎向文化創意產業的創新趨勢。

宋怡慧的「『去』GO越讀，越讀『趣』FUN」則著眼於閱讀能力的培養，翻轉過去由老師指定書目的作法，讓學生自主閱讀，並在實踐上朝向溝通互動，以TED演講為例證，強化學生的演說、人際溝通與同儕互動的能力。值得激賞的是，怡慧老師設計社會服

務，讓高中生帶動偏鄉的國中的閱讀，讓高中生重視紀律、榮譽跟責任，為了教好一堂課，高中生的閱讀就更深入，加上表演、演講和團康的準備，更是難得的教育實踐。

張馨云「雙語玩文學，愛臺灣」則指向博物館的導覽，在學科上跨越了臺灣文學、英美文學與英語，訓練學生成為臺灣文學館的雙語導覽人員。張馨云能夠找到英美文學專長的林于婷老師，兩人以台文館常設展內容為教案，指導學生從學習、引導至雙語導覽，跳脫傳統高中文學課程缺乏區域文學、比較文學與生活應用的缺點，交付具體的雙語導覽志工任務給學生，大幅提昇了學生翻譯、口語與文學詮釋的能力。

《漾～智造特色：朝向高中國文多元選修課程之理論與實務》一書作為範例，反映出臺灣國文教學的創新能力，重要的是其中學生的回饋與作業，充分顯現出一個簡單的道理：老師教的越少，學生學得越多：教學任務越貼近生活，學習回饋越生動活潑。本書在教育思辯與實踐上的成果，相信絕對是亮麗而耀眼的。

批閱此書，感動之餘不免想起，過去選修課的核心想像都建構在「學生自主學習」、「增強教師競爭力量」、「課程結構多元」等價值上。事實上，馮婉楨就曾指出：「只有當持不同社會價值取向、來自不同文化背景、具有不同學習需要和個性特徵的學生同時對一所學校寄予學習期望時。或當持有不同教育價值取向、具有不同文化優勢的教師，同時在一學校內要求實現課程理想時。亦即學校必須承擔差異融合的功能時，學校才可能設立真正意義上的選修課。以滿足不同學習者或教育者的共同和特殊的學習或教育需要。」顯然迎接未來的挑戰，選修課的設計畢竟要以學生的特質為主，因材施教，還是不變的道理。《漾～智造特色：朝向高中國文

多元選修課程之理論與實務》一書的成功絕對不能單純模仿，此書的老師們努力找到學生的興趣、能力與需要，轉換到不同的學校，一定要有完全不同的設計與方法才是。

　　高中多元選修課的改革，路阻且長，所幸《漾～智造特色：朝向高中國文多元選修課程之理論與實務》一書的作者群開拓了一條新路，相信在這麼充滿啓發的教案刺激下，未來教師會有強烈的自我意識，學生有更獨立的省思能力，從改革選修課開始，臺灣應當有機會一步到位，趕上芬蘭教育的跨領域與主題式的新趨勢，給高中教育注入無窮的活力。

國立東華大學華文文學系教授‧系主任

須文蔚

作者群像

顧蕙倩

國立臺灣師範大學國文系學士、淡江大學中文所碩士，佛光大學文學系博士。大學時期參與師大噴泉詩社以及地平線詩社。曾任《迴聲雜誌》採訪編輯、《新觀念雜誌》採訪編輯、《中央日報》副刊編輯、國立師大附中教師、薪飛詩社指導老師，現任銘傳大學應用中文系兼任助理教授、《聯合報》副刊專欄作家、《天下雜誌》特約採訪。作品曾收錄《九十二年散文選》，並曾獲師大噴泉詩獎、臺北詩人節新詩即席創作首獎、第一屆現代詩研究獎、國立臺灣文學館愛詩網現代詩獎、2014教育部特色課程特優獎、第五十一屆廣播金鐘獎「單元節目獎」。

著有詩集《傾斜／人間喜劇》、《時差》、《好天氣，從不為誰停留》，散文集《漸漸消失的航道》、《幸福限時批》，漫畫劇本《追風少年》，論文集《蘇曼殊詩析論》、《臺灣現代詩的浪漫特質》、《臺灣現代詩的跨域研究》，報導文學《詩領空：典藏白萩詩／生活》等書。

目前開設課程：

銘傳大學應用中文系：現代詩及習作

銘傳大學師資培育中心：國文科／語文領域教材教法、教學實習

師大附中國文選修及語資班國文專題課程：

後大安書寫http://blog.roodo.com/1345dahan

詩新風（與翁立衛、吳承和、黃麗楨老師合作）https://www.facebook.com/groups/588372074590824/

雙城齊謀：臺北V.S.臺南聲景地圖 https://www.facebook.com/groups/637848049724650/

歐陽宜璋

　　國立臺灣師範大學國文系學士、國立臺灣政治大學文學碩士及博士。現任北一女中國文科專任教師、臺大中文系兼任助理教授。自民國93年至今，擔任國立臺灣大學師資培育中心國文科教材教法及教學實習課程助理教授，並先後榮獲臺大師培96年、102年度實習典範教師。

　　曾參與國科會數位典藏與數位學習國家性科技計畫，高中職資訊融入教學國文科諮詢教師。擔任第一屆及第四屆高中國文教學研討會論文發表者〈由核心到多元的文言系統導航〉、〈高中101新課綱核心選文〈勸和論〉的教學與應用〉，擔任教育部國文學科中心高中國文學習網、語文互動區管理者（民國96年-105年），並持續管理臺北市高中國文科輔導團社群。

著作：

　　《禪問答中的模稜──趙州公案的語篇分析》、《碧巖集》的語言風格研究》、高行健《八月雪》的話語分析，2004年法國里昂第八屆國際符號學會議論文集，2005年3月。A Discourse analysis of Gao Xingjian's play Snow in August 8th IASS Congress – Lyon 2004. 《趣看文學史》等。

目前獨立開設課程：

　　臺灣大學師資培育中心：國文科／語文領域教材教法、教學實習、教育實習

　　北一女中國文選修課程：城中詩樂園──尋詩譜詩演詩，走出綠園的17種方法

　　http://fg12.fg.tp.edu.tw/files/13-1002-3119.php?Lang=zh-tw (2016)

　　http://fg12.fg.tp.edu.tw/files/13-1002-5453.php?Lang=zh-tw (2017)

宋怡慧

國立臺灣師範大學國文系、國立政治大學國文教學研究所畢業。現任新北市立丹鳳高中教務主任，聯合線上師生共閱專欄作家、《親子天下》翻轉教育網站駐站作家、中廣青春好好Young青少年書房分享人、教育廣播電臺行動家陽光閱聽室分享人。

推動閱讀與教學經歷：

翻轉教育創新教學特刊30+翻轉教師、第五屆聖陶盃中青年教師課堂教學觀摩研討會展示課臺灣區教師代表、2015海峽兩岸語文教育教學觀摩會議課與談人、澳門高美士中葡中學師生共讀培訓講座講師、文化部在地i閱讀作家系列講座講師、文化部104年度閱讀植根實施計畫～閱讀‧新浪潮文化大使閱讀交流專題演講、國立師範大學磨課師（MOOCs）高中職主任閱讀推動暨圖書館經營課程講師、全國圖書館主任會議分組論壇與談人、新北市立圖書館真人圖書。

獎項：

教育部第一屆閱讀磐石獎閱讀推手獎、教育部表揚高中職圖書館暨推動閱讀優秀人員、第六屆世界華語學校圖書館論壇論文發表人、新北市閱讀衛星教師特優、新北市貢獻平臺團隊領導人、《親子天下》翻轉教育創意教師、新北市國中小學閱讀行動研究特優、新北市語文競賽教師組作文第一名、新北市閱讀服務特色學習教案特優獎、學習楷模王社團指導老師、教育部服務學習獎勵計畫課程教案高中職組特優、106年國文學科中心種子教師培訓工作坊成果發表最佳演示獎。

著作：

《愛讀書——我如何翻轉8,000個孩子的閱讀信仰》、《大閱讀：讓孩子學會27種關鍵能力》、《不純的閱讀》

黃琇苓

現任國立苗栗高中國文老師，高中國文、綜合活動、海洋資源中心種子老師。畢業於國立臺灣師範大學國文學系（歷史輔系），後進修國立清華大學歷史研究所、國立政治大學圖書資訊研究所，今為國立臺灣科技大學數位學習與教育研究所博士生。

近年致力於數位時代資訊融入國文教學的可能性（行動載具、數位平臺、google earth、擴增實境、悅趣化……）與跨學科課程整合研發

2011年以「流金歲月：金瓜水」入選綠活臺灣全民創意數位生態旅遊短片。

2012年以「單一故事的危險性──紀水沙連」獲選教育部高中資訊科技融入教學資源創新應用教案特優。

2013年以「黑水溝與消失的內海」獲選內政部以國家公園為基地之中小學教案優等、「離騷：流離島影」入圍臺灣微軟創意教師競賽。

2014年以「苗栗山海經」獲教育部校本位特色選修課程優選、「google earth 高中國文新視野」，發表於兩岸三地高中國文教學研討會、靜宜大學閱讀書寫經典工作坊。

2015年獲《德智體群美五育理念與實踐》教材教法設計優選、全國暨海外教育盃電子書創作大賽佳作。2015年教育部高中高職閱讀推廣績優老師、2016年《諸葛亮，人生風景》獲選國教署教學媒體創新競賽甲等，《世說新語》獲選教育部及法務部全國法規資料庫創意教案競賽佳作，《白話文的突圍～我的書齋》發表於高中國文國際教學研討會。2017《不純閱讀～閱讀策略與跨界》，與宋怡慧老師受邀發表靜怡閱讀書寫經典工作坊。

張馨云

現任臺南女中國文科教師。曾因「evernote語文表達鍊金術」課程獲得「教育部行動教育優良教師」，就膽大包天的開放資訊融入〈勞山道士〉全國觀課，全程以classdojo、Zuvio、evernote、moodle、文學臥底桌遊穿插運用上課。也曾獲得國文學科中心第五屆種子教師優良教案，於是就靦顏到處帶人家「詩影嬉遊」，並在校開設了多元選修「影像詩學的心靈迷宮」，尤其喜歡恐怖心理劇和學生上課上到不要不要的。以「一桿稱仔」喪屍遊戲帶大家討論人權與遊戲的機制，得綜合學科中心聘為講師，並於近三年與校內夥伴共同成立桌遊教師社群，又開設多元選修課程「文創桌遊與實境遊戲」。以「雙語玩文學，愛臺灣」的資優跨科教育專題選修課程，獲教育部特色課程優選，同樣以資優跨科教育專題課選修程「東·西莎士比亞在高中生劇場的自我實踐」，不慚地在高中國文國際教學研討會發表（這次跨國、英、表演藝術），還以中國哲學融入作文教學課程「夢想之鑰」獲選為文化教材學科中心種子講師……總之是個遇到喜歡事就軟土深掘、一點不放過的人。教學年資雖然比上不足，但已經漸漸邁向比下有餘的過渡。對於教學還有很多想學，所以常常想要走出去；對於文學還有很多未知，一旦欣於所遇，每每無法自拔！座右銘：「江湖度量我，我也掂掇江湖。」

如何使用本書

編寫者：銘傳大學應用中文系／師大附中國文科　顧蕙倩老師

　　這本書是為十二年國民基本教育課程綱要中，高中多元選修的設計者而寫的，當然也獻給國文科之外，跨科合作的所有夥伴，更要獻給未來投入教育工作的朋友。

　　這本書可以讓你對於即將實施的十二年國教課綱多元選修課程（跨科）有更明確的理論與實務，也提供了課程的文本去按圖索驥，無論身為教師、學生或家長。這本書還可以作為多元選修課程的規劃指南，無論在臺灣之北，還是國境之南。

　　它更提供豐富的語文教學地標和移動視窗，讓生命旅人多一點在地閱讀的想像。

　　它亦是國民素養的啟航點，期待您一同繪製航海地圖。

　　Eggleston說：「課程永遠是學校發展的關鍵。」（Eggleston, 1980），當我們對於十二年國民基本教育課程綱要整體的理念與設計邏輯有所了解後，就會清楚地了解，「校定必修課程」與「校定選修課程」就是每個學校以「建構校本課程」為未來發展特色的重大契機！

　　國家教育研究院課程及教學研究中心李文富助理研究員也在「107普通高中課綱的理念、設計邏輯與特點」（2015.12.29版）一文中建議「學校願景、使命與目標的達成，是通過學校整體課程來實踐與落實，非僅有『多元選修課程』才是學校本位課程。這意思是，學校願景、目標與特色的落實，應透過各類課程，例如部定必修、加深加廣選修、多

元選修……乃至於彈性學習時間、團體活動時間等，去進行連結、安排與設計。」

　　到了「十二年國教課綱」正式啟航的那一刻，各學校在倒數計時前所精心擘畫的特色課程，就是「建構校本課程」的基石！

　　只是教育政策的初衷雖然良善，教師在校定「必修」與「選修」課程的設計與實施卻絕非一蹴可幾！目前各高中職校園形成的氛圍是：「十二年國教課綱」雖然讓每個學校擁有更多開設選修課程的「自主權」，但學校、家長和學生的目標依然很清楚：高中三年後能順利上個好大學！如何在沒這麼多選修空間讓老師開課的情況下，「多元選修」課程依然能兼顧「基礎科目學習能力」與「多元學習實踐能力」，充分掌握學習天秤兩端的籌碼呢？於是，以十二年國教「核心素養」為主軸，整合北中南五所高中的「特色課程」教案設計與實踐經驗的《漾～智造特色：朝向高中國文多元選修課程之理論與實務》便應運而生。

　　民國103年2月公布的「十二年國民基本教育課程發展指引」中，我們了解「核心素養」的定義為「一個人為適應現在生活及未來挑戰，所應具備的知識、能力與態度」，其目的在彰顯「學習者的主體性」，不再只以學科知識作為學習的唯一範疇，而是關照學習者可整合運用於「生活情境」，強調其在生活中能夠實踐力行的特質。其「內涵」係強調培養以人為本的「終身學習者」，包括「自主行動」、「溝通互動」、「社會參與」三大面向，以及「身心素質與自我精進」、「系統思考與解決問題」、「規劃執行與創新應變」、「符號運用與溝通表達」、「科技資訊與媒體素養」、「藝術涵養與美感素養」、「道德實踐與公民意識」、「人際關係與團隊合作」、「多元文化與國際理解」九大項目。學生能夠依三面九項所欲培養的素養，以解決生活情境中所面臨的問題，並能因應生活情境之快速變遷而與時俱進，成為一位終身

學習者。

　　本書每個教案所提到的學習能力，為服膺未來多元選修課程設計之內涵，即以此「核心素養」的九大項目加以量化指標，繪成「雷達圖」如下，更能易於為自己的課程設計立下學習地圖。以下茲以「核心素養的滾動圓輪意象」，來顯示核心素養的內涵，如圖0-1～0-3：

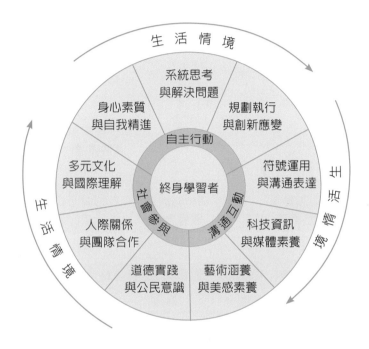

圖0-1：核心素養的滾動圓輪意象（國教院：十二年國民基本教育課程發展指引）

　　書中的各教案進一步製作了「十二年國教課綱核心素養對照表」，此乃依民國103年2月公布的「十二年國民基本教育課程發展指引」中，「各教育階段核心素養內涵」裡的第五階段：「高級中等教育階段」而完成的，其著重於提供學生學習銜接、身心發展、生涯定向與準

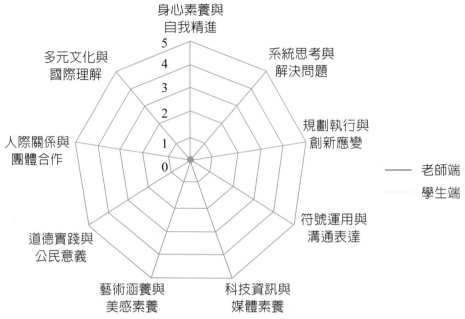

圖0-2　雷達圖

課程名稱	老師端	學生端
身心素養與自我精進		
系統思考與解決問題		
規劃執行與創新應變		
符號運用與溝通表達		
科技資訊與媒體素養		
藝術涵養與美感素養		
道德實踐與公民意識		
人際關係與團體合作		
多元文化與國際理解		

圖0-3　量化指標圖

備所需具備之素養，同時需讓學生具備獨立自主能力，滿足終身學習者及世界公民所需的各項核心素養。原表0-1如下：

表0-1　各教育階段核心素養內涵

關鍵要素	核心素養面向	核心素養項目	核心素養具體內涵	國小教育	國中教育	高級中等教育
終身學習者	A 自主行動	A1 身心素質與自我精進	具備身心健全發展的素質，擁有合宜的人性觀與自我觀，同時透過選擇、分析與運用新知，有效規劃生涯發展，探尋生命意義，並不斷自我精進，追求至善。	E-A1具備良好的生活習慣，促進身心健全發展，並認識個人特質，發展生命潛能。	J-A1具備良好的身心發展知能與態度，並展現自我潛能、探索人性、自我價值與生命意義、積極實踐。	U-A1提升各項身心健全發展素質，發展個人潛能，探索自我觀，肯定自我價值，有效規劃生涯，並透過自我精進與超越，追求至善與幸福人生。
		A2 系統思考與解決問題	具備問題理解、思辨分析、推理批判的系統思考與後設思考素養，並能行動與反思，以有效處理及解決生活、生命問題。	E-A2具備探索問題的思考能力，並透過體驗與實踐處理日常生活問題。	J-A2具備理解情境全貌，並做獨立思考與分析的知能，運用適當的策略處理解決生活及生命議題。	U-A2具備系統思考、分析與探索的素養，深化後設思考，並積極面對挑戰以解決人生的各種問題。

關鍵要素	核心素養面向	核心素養項目	核心素養具體內涵	國小教育	國中教育	高級中等教育
		A3 規劃執行與創新應變	具備規劃及執行計畫的能力,並試探與發展多元專業知能、充實生活經驗,發揮創新精神,以因應社會變遷、增進個人的彈性適應力。	E-A3具備擬定計畫與實作的能力,並以創新思考方式,因應日常生活情境。	J-A3具備善用資源以擬定計畫,有效執行,並發揮主動學習與創新求變的素養。	U-A3具備規劃、實踐與檢討反省的素養,並以創新的態度與作為因應新的情境或問題。
	B 溝通互動	B1 符號運用與溝通表達	具備理解及使用語言、文字、數理、肢體及藝術等各種符號進行表達、溝通及互動,並能了解與同理他人,應用在日常生活及工作上。	E-B1具備「聽、說、讀、寫、作」的基本語文素養,並具有生活所需的基礎數理、肢體及藝術等符號知能,能以同理心應用在生活與人際溝通。	J-B1具備運用各類符號表情達意的素養,能以同理心與人溝通互動,並理解數理、美學等基本概念,應用於日常生活中。	U-B1具備精確掌握各類符號表達的能力,以進行經驗、思想、價值與情意之表達,能以同理心與他人溝通並解決問題。
		B2 科技資訊與媒體素養	具備善用科技、資訊與各類媒體之能力,培養相關倫理及媒體識讀的素養,俾能分析、思辨、批判人與科技、資訊及媒體之關係。	E-B2 具備科技與資訊應用的基本素養,並理解各類媒體內容的意義與影響。	J-B2具備善用科技、資訊與媒體以增進學習的素養,並察覺、思辨人與科技、資訊、媒體的互動關係。	U-B2具備適當運用科技、資訊與媒體之素養,進行各類媒體識讀與批判,並能反思科技、資訊與媒體倫理的議題。

關鍵要素	核心素養面向	核心素養項目	核心素養具體內涵	國小教育	國中教育	高級中等教育
		B3 藝術涵養與美感素養	具備藝術感知、創作與鑑賞能力,體會藝術文化之美,透過生活美學的省思,豐富美感體驗,培養對美善的人事物,進行賞析、建構與分享的態度與能力。	E-B3 具備藝術創作與欣賞的基本素養,促進多元感官的發展,培養生活環境中的美感體驗。	J-B3 具備藝術展演的一般知能及表現,欣賞各種藝術的風格和價值,並了解美感的特質、認知與表現方式,增進生活的豐富性與美感體驗。	U-B3具備藝術感知、欣賞、創作與鑑賞的能力,體會藝術創作與社會、歷史、文化之間的互動關係,透過生活美學的涵養,對美善的人事物,進行賞析、建構與分享。
C 社會參與		C1 道德實踐與公民意識	具備道德實踐的素養,從個人小我到社會公民,循序漸進,養成社會責任感及公民意識,主動關注公共議題並積極參與社會活動,關懷自然生態與人類永續發展,而展現知善、樂善與行善的品德。	E-C1具備個人生活道德的知識與是非判斷的能力,理解並遵守社會道德規範,培養公民意識,關懷生態環境。	J-C1培養道德思辨與實踐能力,具備民主素養、法治觀念與環境意識,並主動參與公益團體活動,關懷生命倫理議題與生態環境。	U-C1具備對道德課題與公共議題的思考與對話素養,培養良好品德、公民意識與社會責任,主動參與環境保育與社會公益活動。

關鍵要素	核心素養面向	核心素養項目	核心素養具體內涵	國小教育	國中教育	高級中等教育
		C2 人際關係與團隊合作	具備友善的人際情懷及與他人建立良好的互動關係,並發展與人溝通協調、包容異己、社會參與及服務等團隊合作的素養。	E-C2具備理解他人感受,樂於與人互動,並與團隊成員合作之素養。	J-C2具備利他與合群的知能與態度,並培育相互合作及與人和諧互動的素養。	U-C2發展適切的人際互動關係,並展現包容異己、溝通協調及團隊合作的精神與行動。
		C3 多元文化與國際理解	具備自我文化認同的信念,並尊重與欣賞多元文化,積極關心全球議題及國際情勢,且能順應時代脈動與社會需要,發展國際理解、多元文化價值觀與世界和平的胸懷。	E-C3具備理解與關心本土與國際事務的素養,並認識與包容文化的多元性。	J-C3具備敏察和接納多元文化的涵養,關心本土與國際事務,並尊重與欣賞差異。	U-C3在堅定自我文化價值的同時,又能尊重欣賞多元文化,拓展國際化視野,並主動關心全球議題或國際情勢,具備國際移動力。

資料來源:國教院《十二年國民基本教育課程發展指引》。

表0-2　十二年國教課綱核心素養對照

核心素養	核心素養具體內涵	自我教案檢視
A1身心素質與自我精進	U-A1提升各項身心健全發展素質,發展個人潛能,探索自我觀,肯定自我價值,有效規劃生涯,並透過自我	U-A1: U-A2: U-A3:

核心素養	核心素養具體內涵	自我教案檢視
A2系統思考與解決問題 A3規劃執行與創新應變	精進與超越，追求至善與幸福人生。 U-A2 具備系統思考、分析與探索的素養，深化後設思考，並積極面對挑戰以解決人生的各種問題。 U-A3 具備規劃、實踐與檢討反省的素養，並以創新的態度與作為因應新的情境或問題。	
B1符號運用與溝通表達 B2科技資訊與媒體素養 B3藝術涵養與美感素養	U-B1 具備精確掌握各類符號表達的能力，以進行經驗、思想、價值與情意之表達，能以同理心與他人溝通並解決問題。 U-B2具備適當運用科技、資訊與媒體之素養，進行各類媒體識讀與批判，並能反思科技、資訊與媒體倫理的議題。 U-B3具備藝術感知、欣賞、創作與鑑賞的能力，體會藝術創作與社會、歷史、文化之間的互動關係，透過生活美學的涵養，對美善的人事物，進行賞析、建構與分享。	U-B1： U-B2： U-B3：
C1道德實踐與公民意識	U-C1具備對道德課題與公共議題的思考與對話素養，培養良好品德、公民意識與社會責任，主動參與環境保育與社會公益活動。	U-C1： U-C2： U-C3：

核心素養	核心素養具體內涵	自我教案檢視
C2人際關係與團隊合作 C3多元文化與國際理解	U-C2發展適切的人際互動關係，並展現包容異己、溝通協調及團隊合作的精神與行動。 U-C3在堅定自我文化價值的同時，又能尊重欣賞多元文化，拓展國際化視野，並主動關心全球議題或國際情勢，具備國際移動力。	

　　雖然目前我國高中特色課程實踐，不論在政策或學校實務方面都屬「起步」階段，但我們聚沙成塔的努力，卻是因應未來全球化競爭的重要契機。也就是說，「校本特色課程」將是各級學校未來都要強調的學校經營重點，而推動十二年國教是否真的順利落實，「發展學校特色課程」才能確實落實「高中社區化」方便就近就學的理想。

　　這也就是本書以統整「學校特色」、「校本課程」、「特色課程」相關的課程概念而構築的「漾～智造特色：朝向高中國文多元選修課程之理論與實務」課程的初衷，期待能形塑高中未來發展的關鍵能力，與在校老師及年輕學子攜手共進的嶄新願景。此外，在教案設計的格式原型，參考了成功高中「第一屆全國高中職國文科『以學習者中心』之創意教學研討會」鄭美瑜老師所規劃的架構，謹此致謝！

目　　錄

推薦序一　自造自創的改變 / 陳昭珍教務長 ⋯⋯⋯⋯⋯ (3)

推薦序二　自主學習的黃金階梯 / 簡菲莉處長 ⋯⋯⋯⋯ (5)

推薦序三　前瞻適才適性教育的思辯與實踐 / 須文蔚主任 (7)

作者群像 ⋯⋯⋯⋯⋯⋯⋯⋯⋯⋯⋯⋯⋯⋯⋯⋯ (12)

如何使用本書 / 顧蕙倩 ⋯⋯⋯⋯⋯⋯⋯⋯⋯⋯ (17)

第一章　緒論：從十二年國教課綱核心素養到高中國文的智
　　　　造特色 / 歐陽宜璋 ⋯⋯⋯⋯⋯⋯⋯⋯⋯⋯ 1

第二章　視覺力：我的城市我的歌 / 歐陽宜璋 ⋯⋯⋯⋯ 11

第三章　閱讀力：去閱讀，越讀趣 / 宋怡慧 ⋯⋯⋯⋯ 53

第四章　在地力：後大安書寫 / 顧蕙倩 ⋯⋯⋯⋯⋯ 87

第五章　全球力：雙語玩文學，愛臺灣 / 張馨云 ⋯⋯⋯ 129

第六章　資訊力：聲情 X 搜神記 / 黃琇苓 ⋯⋯⋯⋯ 173

第七章　結語：探索高中國文多元選修的各種可能
　　　　/ 宋怡慧、黃琇苓 ⋯⋯⋯⋯⋯⋯⋯⋯⋯⋯ 239

參考資料 ⋯⋯⋯⋯⋯⋯⋯⋯⋯⋯⋯⋯⋯⋯⋯ 256

第一章

緒論：從十二年國教課綱核心素養到高中國文的智造特色

編寫者：臺大師資培育中心／北一女中國文科　歐陽宜璋老師

　　教育，是一個人跨入世界之門的入場券。尤其是中小學的教育階段，更攸關一個人的生存能力與公民素養，也是一國國力與文明的評鑑指標。我們能理解的世界有多大，所預見的未來就有多遠。就像至聖先師孔子是普世公認的「聖之時者」，如果每一位教學工作者都能因應時空變化與學生特質，依照專業領域與學生的需求去設計不同的課程，那麼中小學的基礎教育將會成為自主行動的初階，而不再是一座封閉的高塔，無法參與社會互動，進而被拒於世界共同體之外。

一、十二年國教課綱的修訂背景

　　即將實施的十二年國民基本教育課程綱要（簡稱十二年國教課綱），其修訂背景來自中華民國90年起實施的「國民中小學九年一貫課程」以及民國99年起實施的「高中課程綱要」（其中國文與歷史兩科於民國101年開始實施）。有鑑於基本能力的培養仍有學、用方面的巨大落差，學習成果也呈現兩極化的拉鋸，促使「二次教育改革」

呼聲興起，教育部於民國93年正式將「建置中小學課程綱要」納入施政主軸，並於民國95年完成「中小學一貫課程體系參考指引」。在民國100年由行政院正式核定「十二年國民教育實施計畫」，並於民國103年全面實施。

而民國103年11月28日由教育局發布的「十二年國民基本教育課程綱要總綱」，明訂自107學年度起，依照不同教育階段（國民小學、國民中學及高級中等學校一年級起）逐年實施。

二、十二年國教課綱的基本理念與架構

目前部定的「十二年國民基本教育課程綱要」，主要依據國家教育研究院建置的「十二年國民教育課程發展建議書」，以及行政院的「十二年國民基本教育課程發展指引」、「十二年國民基本教育實施計畫」而制定，具有專業性、政策性互相制衡的功能。以下簡介其基本理念、課程目標、核心素養，和以高級中學、國文科為視角的學習階段及課程架構。

㈠基本理念 —— 自發、互動、共好

十二年國民基本教育之課程發展本於全人教育的精神，以「自發」（take the initiative）、「互動」（engaging the public）及「共好」（seeking the common good）為理念，強調學生是自主的學習者，學校教育應善誘學生的學習動機，引導學生開展與自我、與他人、與社會、與自然的各種互動能力，協助學生應用及實踐所學、體驗生命意義，願意致力社會、自然與文化的永續發展。

漾～智造特色

㈡課程目標

基於上述前導理念，訂定了四項結合核心素養的總體課程目標：
啓發生命潛能、陶養生活知能、促進生涯發展、涵育公民責任。

㈢素養／核心素養／國民核心素養的界定

1.「素養」

課程改革中「素養」的概念，始自蔡清田先生《素養：課程改革
的 DNA》（2011）與《國民核心素養：十二年國教課程改革的DNA》
（2014）二書。書中提及「素養」同時涵蓋competence 及literacy的
概念，是指一個人接受教育後學習獲得知識、能力（ability）與態
度，而能積極地回應個人或社會生活需求的綜合狀態。

2.核心素養

素養中擇其關鍵的、必要的、重要的，乃爲「核心素養」，除承
續過去課程綱要的「基本能力」、「核心能力」與「學科知識」，亦
強調情意態度、學習策略、整合活用等層面。落實在基本教育中，指
一個人爲適應現在生活及面對未來挑戰，所應具備的知識、能力與態
度。強調學習不宜以學科知識及技能爲限，而應關注學習與生活的結
合，透過實踐力行而彰顯學習者的全人發展。

3.國民核心素養

「國民核心素養」則具有跨領域／科目之廣度，可打破單一領域
／科目的疆界。並非每一領域／科目都必須包含各種核心素養的向
度，但是可以透過各領域／科目的統整課程設計，而達成「國民核心
素養」的教育目的。

4.十二年國教核心素養內涵

十二年國民基本教育之核心素養，強調培養以人爲本的「終身學

習者」，分爲三大面向：「自主行動」、「溝通互動」、「社會參與」。三大面向再細分爲九大項目：「身心素質與自我精進」、「系統思考與解決問題」、「規劃執行與創新應變」、「符號運用與溝通表達」、「科技資訊與媒體素養」、「藝術涵養與美感素養」、「道德實踐與公民意識」、「人際關係與團隊合作」、「多元文化與國際理解」。核心素養的內涵，如圖1-1「核心素養的滾動圓輪意象」所示：

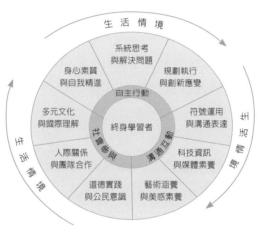

圖1-1　核心素養的滾動圓輪意象（國教院：十二年國民基本教育課程發展指引）

㈣學習階段——本書以高級中等教育爲中心

　　十二年國民基本教育依學制劃分爲三個教育階段，分別爲國民小學教育六年、國民中學教育三年、高級中等學校教育三年。再依各教育階段學生之身心發展狀況，區分如下五個學習階段：國民小學一、二年級爲第一學習階段，國民小學三、四年級爲第二學習階段，國民小學五、六年級爲第三學習階段，國民中學七、八、九年級爲第四學習階段，高級中等學校十、十一、十二年級爲第五學習階段。本次課

漾～智造特色

綱之修訂打破「能力本位」或「學科本位」的框架，擴大傳統語文教學對於「國語文」的定義及用途，朝向培養公民「多元識讀能力」的方向努力。而本書則以第五學習階段的高級中學多元選修課程為中心，進行撰述，其整體方向如圖1-2所示：

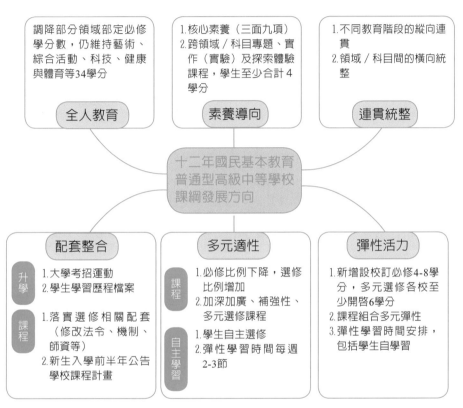

圖1-2 普通型高級中學課程架構特色（國教院：十二年國民基本教育普通高中課程規劃及行政準備手冊）

與現行課綱相比，本次課綱在課程規劃、學習重點及教材編選三方面有重大變革，茲整理如下表1-1：

表1-1　現行課綱與十二年國民基本教育語文領域——國語文課程
綱要總體比較表

階段 項目	普通高級中學國文科課程綱要（民國101年公布）國民中小學九年一貫課程綱要語文學習領域（國語文）（民國100年公布）	十二年國民基本教育語文領域——國語文課程綱要
課程規劃	1.高中階段：偏重學科內容取向。 2.國中小階段：偏重能力取向。	兼顧學科取向與能力取向的語文教學，雙管齊下，以六大學習表現及三大學習內容作為語文素養教育的主軸，貫穿國小、國中乃至於普通高中階段之國語文教學。
學習重點	1.高中階段：重視文學賞析、批判能力的養成。 2.國中小階段：重視語文基本能力及理解思考能力的養成。	學習重點包括學習表現與學習內容： 1.學習表現：重視自學能力與批判思考能力的養成。 2.學習內容：包含文字篇章、文本表述、文化涵養三大學習主題，其中文本表述類特別強調不同文本表述形式的介紹。
教材編選	1.高中階段：選文三十篇。 2.國中小階段：無特別強調長篇文本的教學。	1.高中推薦選文二十篇。 2.國中小階段之教學素材應適當融入長篇文本的教學。 3.教科書編纂應適當融入學習策略，並規劃自學篇章。

資料來源：國教院《十二年國民基本教育課程綱要國民中小學暨普通型高級中等學校語文領域國語文課程手冊》。

依據《總綱》及國語文課程綱要各教育階段課程規劃中，普通型高級中等學校（第五學習階段）部定必修課程共二十學分，其中需含中華文化基本教材兩學分，該課程建議安排十年級或十一年級教授，以每學期一學分、兩學期連續排課為原則。部定加深加廣選修課程可開設八學分，包含「語文表達與傳播運用」、「各類文學選讀」、「專題閱讀與研究」、「國學常識」四門課程，每門課程可開設二學分。學生應從八學分之加深加廣課程中，至少選修四學分。

三、十二年國教課綱高級中等教育國文課程規劃

(一)研修特色

1.規劃三大學習內容

本次課綱之三大學習內容主軸完整呈現語文教育的學習重點。其中「文字篇章類」體現國語文之「因字而生句，積句而為章，積章而成篇」的語言結構特性，從標音符號乃至字詞、句段、篇章等，明列國語文作為一門語言學科的基本知識。「文本表述類」乃文本之表述方式，以文本寫作目的及寫作方法不同而分之，要求教學內容需從文本的寫作目的著手，掌握文本的旨趣。「文化內涵類」則凸顯文本所蘊涵之文化意義及文本與人類之物質、社群及精神文化的關聯性。其中「文本表述類」特別納入不同類型的內容，在實施要點中，也規定教材編選應涵蓋記敘、抒情、說明、議論等多元的文本表述方式，以改善過往國語文教科書的選文中，多偏重記敘文及抒情文之弊。而「文化內涵類」學習內容的規劃，增加文本學習的深度與廣度，使國語文的學習能關照不同的社會及文化議題。

2.培養自學能力

(1) 強化策略教學

自學能力之培養倚賴有效的學習方法。本次課綱參考語文教育現有之研究成果，在聆聽、說話、閱讀及寫作中融入各學習階段應具備之學習策略及語言運用策略，以提升學習效能。另一方面，在實施要點中也規定教材編選，應明示編輯理念，融入有效教學策略，讓使用者了解如何透過教材達成學習目標。

(2) 規劃自學篇章

為了讓教師將教學責任逐步轉移至學生身上，在各學習階段皆規劃自學篇章，讓學生能用學習策略自行閱讀課文，深化自學能力。

(3) 落實適性教育

在實施要點中，明確規定國語文教材的編選，應把握語文核心素養的要求，搭配差異化教學及補救教學之理念編選教材，讓學生習得運用知識以解決問題的能力。另外也強調教學與評量的結合，提供學生適性揚才的語文教育。

3.規劃跨領域課程

本次課綱在第一至第四學習階段延續九年一貫課綱的精神，鼓勵學校規劃語文領域——國語文課程與其他領域課程統整之主題課程。另一方面，為呼應十二年國民基本教育適性揚才之理念，在高中的選修課程規劃上，亦做了適當的安排。在八學分加深加廣的選修課程中，「語文表達與傳播應用」及「專題閱讀與研究」之課程規劃，強調培養學生跨領域的語文運用能力及思辨能力，並建議學校在安排國文科加深加廣選修課程時，應考慮讓國文教師與其他領域教師共同協作，豐富課程內涵。

4.結合本土素材

　　課綱中強調各學習階段之古典作品應含本土素材，另白話文選應以臺灣新文學作家（含原住民族）之作品爲主，並酌採古代接近語體之作。除此之外，國學常識的講讀應闡述經、史、子、集的特色及流變，並介紹臺灣明鄭以降的漢學發展。

四、「智造特色」的定位與核心素養統整

　　《漾～智造特色：朝向高中國文多元選修課程之理論與實務》一書，以十二年國教課綱高中國文的特色爲核心，統整「學校特色」、「校本課程」、「特色課程」相關的課程概念，並透過五位一線教師實地教學的實務經驗，藉由拆解課程綱要的關鍵元素來設計核心問題，進而發展多元選修課程的校本特色（Jay McTighe、Grant Wiggins著，侯秋玲、吳敏而譯，2016)，說明如下：

(一)視覺力：在十二年國教課綱環繞著「終身學習者」的三大面向中，藉由「溝通互動」，才能使個人達成「自主行動」與「社會參與」的目的。而下面的「符號運用」，在語文領域中對應的是「聽說讀寫」。基於中文是一種象形表意的文字，無論文字的識讀與影像的捕捉或意象的凝練，都需要以「視覺」來開啓一扇語文能力之門。

(二)閱讀力：「閱讀力」不但是終身學習的開端，更透過了閱讀與解碼的智慧創造，生成源源不絕的能量與見識，讓課程設計能結合「自主行動」、「溝通互動」、「社會參與」三大面向的輪軸，能培養學生帶著走的關鍵能力。

(三)在地力：「在地力」扣住了十二年國教課綱的基本環節「生活情

境」，透過移動的自主行動與社會參與，建構良好的人際關係與團隊合作，進而回歸語文本位的閱讀思考與寫作，讓溝通互動成爲一種永續經營的藝術。

㈣資訊力：因應科技的普及，「資訊力」扣緊跨領域、跨地域的溝通互動，扣合核心素養九大項目中：「科技資訊與媒體素養」的主題，任何一種核心素養，皆可在資訊力的輔助之下，順利滾動核心素養，並進行連結。

㈤全球力：在社會參與的向度之下，惟有培養「全球力」，才能在高中國文的學科特質之中，融入「多元文化與國際理解」，進而成爲一個能夠與社會對話的自主行動者，在多元文化的情境中，完成終身學習的終點目標。

視覺力：我的城市我的歌

課程設計與編寫者：北一女中國文科　歐陽宜璋老師

一、前言

　　視覺符號與影像傳播是通往未來之鑰；移動與觀察則提供了日常生活之外的視窗；詩與歌更勾勒出城市未來的願景。根據美國喬治華盛頓大學（George Washington University）副校長：李奧・察路波博士的最新研究：「視覺與視覺處理所占大腦的工作量，超越其他已知的功能，包括語言。人類腦部涉及視覺的神經元數目，超過所有其他感官模式的總合。」《哈利波特》的作者J.K.羅琳也指出：「我在寫作之前都先畫出一張圖，那是我所做的第一件事。」（Dan Roam著，林麗冠譯，2015）。當內在創意與外在形象，透過了符號的運用而達到明確溝通，是學習任何科目的必經之道。如果在青少年時代習得符號運用能力與素養，就能成為一個用眼讀世界，用心觀天下的人生旅者。

㈠十二年國教課綱核心素養中符號運用的能力
　　十二年國教課綱核心素養的軸心：「終身學習者」，主要分為

「自主行動」、「溝通互動」、「社會參與」三大支脈，而其下九大項目中與高中國文關係最密切者，首為「符號運用與溝通表達」、「藝術涵養與美感素養」等，對應於「國文」學科，符號的運用、藝術的涵養與美感的鑑賞，在在與「視覺力」密不可分。

(二)視覺力由國文教學設計到跨科多元設計

中文作為一種象形表意的文字，無論文本的理解、媒體的識讀或意象的呈現，首重以「視覺」開啟語文表達之門。再從語文／藝術這兩大領域的跨科整合來看，十二年國教的藝術領域課綱以「表現」、「鑑賞」與「實踐」為三個核心面向，而美國課程綱要在目標2000：教育美國法規（Goals 2000: Educate America Act）中，明訂「視覺藝術」成為美國高中的主科，而2014年美國最新國家核心藝術標準（National Core ArtsStandards (2014).）則強調學生必須有真實參與藝術的經驗，才能培養確切的理解與認知，因此將核心素養的評量落實在創造（Creating）、表演／呈現／製作（Performing /Presenting /Producing）、回應（Responding），以及連結（Connecting）的能力（NCCAS, 2014）。而創造（Creating）力則來自獨特的符號與隱喻。相較於我國課綱，美國2014的核心指標在「表現」（表演呈現製作）與「鑑賞」（互動式的回應）與「實踐」（創造）之外，又多了「連結能力」。

參考來源：National Coalition for Core Arts Standards (2014). National Core Arts Standards. Retrieved from www.nationalartsstandards.org

本章聚焦於高中國文課程中，視覺符號與意象運用，其中「連結能力」相當能呼應「以學習者爲中心」的開放式課程。透過語文符號與外界連結，拓展對未來更多的想像，又不能不聚焦於自身周遭的近距觀察與移動的遠距觀察，因此形成了以下的視覺力模組。

(三)主題：融入視覺力的「城中詩樂園」教學設計

本章中「詩」（poetry）採廣義界定的「詩意」（包含詩歌、作詩、詩意、詩趣），而「城市」亦從學習環境向外輻射的視角，引伸爲每個城鎮的創意社區。由社區的人文觀察形成獨特觀點，發展和諧互動與文化省思，即爲「我的城市我的歌」教學設計的願景。

以下就以北一女中105年、106年已實施及實施中的高一特色跨班選修課程：「城中詩樂園——走出綠園的17種方法」、「城中詩樂園——尋詩、譜詩、演詩」，提供由視覺影像導入語文符號、文學意象的入門方法。其設計層次爲：

1. 初階視覺力：移動觀察——線性移動，尋找觀察焦點。
2. 進階視覺力：創造呈現——擷取特定視覺符號，形成個人觀點。
3. 三階視覺力：同儕回應——建構互評與回應的機制。
4. 永續視覺力：形成關聯——連結相關的課程或線上社群。

城中詩樂園

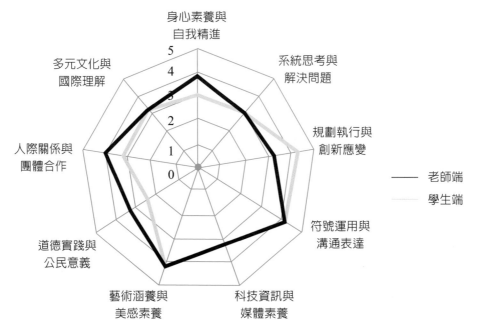

課程名稱	老師端	學生端
身心素養與自我精進	5	4
系統思考與解決問題	4	5
規劃執行與創新應變	4	5
符號運用與溝通表達	5	5
科技資訊與媒體素養	4	5
藝術涵養與美感素養	5	5
道德實踐與公民意識	4	3
人際關係與團體合作	5	4
多元文化與國際理解	4	4

三、十二年國教課綱核心素養對照

核心素養	核心素養具體內涵	自我教案檢視
A1身心素質與自我精進 A2系統思考與解決問題 A3規劃執行與創新應變	U-A1提升各項身心健全發展素質，發展個人潛能，探索自我觀，肯定自我價值，有效規劃生涯，並透過自我精進與超越，追求至善與幸福人生。 U-A2具備系統思考、分析與探索的素養，深化後設思考，並積極面對挑戰以解決人生的各種問題。 U-A3具備規劃、實踐與檢討反省的素養，並以創新的態度與作為因應新的情境或問題。	U-A1：本課程以學習者為中心，從生活周遭微細的觀察力開始培養，以合作探索的方式解決問題，逐步引導學生關心周遭環境，解釋並分析已知和未知，留下成長的詩篇。 U-A2：本課程以「詩」為核心發展視覺力，進而整合資訊、史地及美術、公民議題，培養學生獨立創作及邏輯思考的語文專業能力。 U-A3：學生能從觀察校園開始，不但具備觀察環境的基本能力，還能運用觀察分辨與合作，發展創造力與溝通表達的能力，進而發展為跨校交流與雲端討論分享。
B1符號運用與溝通表達 B2科技資訊與媒體素養 B3藝術涵養與美感素養	U-B1具備精確掌握各類符號表達的能力，以進行經驗、思想、價值與情意之表達，能以同理心與他人溝通並解決問題。 U-B2具備適當運用科技、資訊與媒體之素養，進行各類媒體識讀與批判，並能反思科技、資訊與媒體倫理的議題。 U-B3具備藝術感知、欣賞、創作與鑑賞的能力，體會藝術創作與社會、歷史、文化之間的互動關係，透過生活美學的涵養，對美善的人事物，進行賞析、建構與分享。	U-B1：學生能透過身旁的人事物分析其不同的風格與符號意涵，進而回溯歷史的符號加以類比。 U-B2：學生能運用多媒體平臺，將個人作品分享，累積資訊，與線上的互動媒體進行連結。 U-B3：以城市的視覺力，結合藝能科的美感創作與地理導航，進一步界定自己所居地點的有形定位及無形價值觀，以加深加廣，作為高二校訂多元選修的前導課程，進而發展社會參與的公民議題與思辨。

核心素養	核心素養具體內涵	自我教案檢視
C1道德實踐與公民意識 C2人際關係與團隊合作 C3多元文化與國際理解	U-C1具備對道德課題與公共議題的思考與對話素養，培養良好品德、公民意識與社會責任，主動參與環境保育與社會公益活動。 U-C2發展適切的人際互動關係，並展現包容異己、溝通協調及團隊合作的精神與行動。 U-C3在堅定自我文化價值的同時，又能尊重欣賞多元文化，拓展國際化視野，並主動關心全球議題或國際情勢，具備國際移動力。	U-C1：培養學生定點定期觀察所在地的自然與人文變遷能力，並透過小組合作及地理實察，進一步了解變遷的脈絡與在地風格。 U-C2：透過「城裡」、「城外」的兩面觀照，深入一個城市的不同背景文化差異，進而了解對立或衝突的原因或背景。 U-C3：透過以臺北城為中心的異質課程碰撞，將感性與知性的文字轉化為溝通表達的良好工具，培養國際移動力，進而點燃城市的火種。

圖2-1　十二年國教課網圖

四、教案分享

(一)課程單元名稱：「城中詩樂園」（Poetry paradise in Taipei city）

(二)課程發展進程

　1.初步定位

　　「城中詩樂園」課程屬於北一女中發展12年國教子計畫之一：創思學程中的語文應用班群，為高一特色跨班選修課程。

　　個人在104學年度第二學期與105學年度第二學期，先後開設「城中詩樂園——走出綠園的17種方法」，與「城中詩樂園——尋詩、譜詩、演詩」二門課程。前者以城市空間美學延伸到詩樂創作，

而後者將尋詩之旅，詩樂結合創作與詩樂劇的表演，切分為三，進一步落實能力與素養。其網址如下：

http://fg12.fg.tp.edu.tw/files/13-1002-3119.php?Lang=zh-tw

http://fg12.fg.tp.edu.tw/files/13-1002-5453.php?Lang=zh-tw

2. 整體目標

高中國文科的特色選修課程，與英文和藝能科同屬於十二年國教總綱中，符號運用與溝通的能力。在外在的符號運用與溝通之後，學習者可以適當的運用科技與媒體素養，來呈現內在的藝術與美感，進行擴大社會參與和文化共識，成為一位良好的全球公民與道德實踐者，而這樣的願景並不囿於學習年限，是一個良性循環的轉軸。（如圖2-2）

3. 課程發展架構：開啟城市的視窗

本課程實施以視覺力結合移動力，並透過小組合作學習轉化為語文素養與應用設計表達力，透過廣泛閱讀、觀察、討論與詩樂劇呈現的方式具體實踐。讓學生以北一女為中心視野的「城中詩樂園」而移動分享的終身學習能力，具體落實並回饋社區及雲端，並且後續連結校內及校外跨科社群，呈現「城中詩樂園」的永續經營。（如圖2-3）

4. 授課對象：除人社班、體優生、數理專班外，所有高一生。

5. 教學時間：每學期2×16＝32小時。

6. 教材來源：（請參考本章之末：教與學建議書單）

白靈：《一首詩的玩法》（九歌出版社）

泰瑞·伊格頓（Terry Eagleton）《如何閱讀文學》（*How to Read Literature*）

曹雪芹《紅樓夢》（及其相關詩、樂、劇）

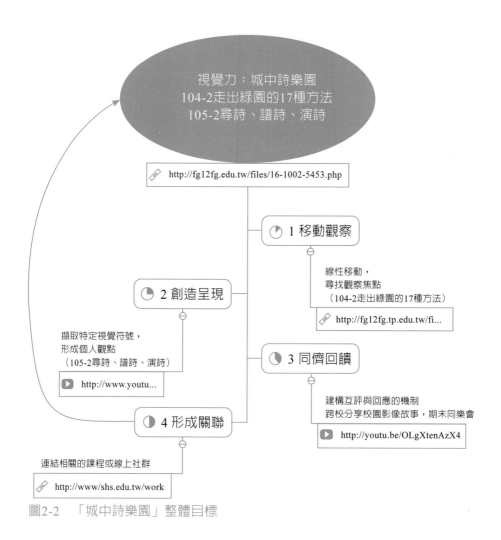

視覺力：城中詩樂園
104-2走出綠園的17種方法
105-2尋詩、譜詩、演詩

http://fg12fg.edu.tw/files/16-1002-5453.php

1 移動觀察

線性移動，
尋找觀察焦點
（104-2走出綠園的17種方法）

http://fg12fg.tp.edu.tw/fi...

2 創造呈現

擷取特定視覺符號，
形成個人觀點
（105-2尋詩、譜詩、演詩）

http://www.youtu...

3 同儕回饋

建構互評與回應的機制
跨校分享校園影像故事，期末同樂會

http://youtu.be/OLgXtenAzX4

4 形成關聯

連結相關的課程或線上社群

http://www.shs.edu.tw/work

圖2-2 「城中詩樂園」整體目標

		一隻貓和我故事
1	定點的觀察	我對服儀有問題
		校園影像故事
		城中的空間與時間穿越
2	移動的視窗	跨校影像交流分享
		城裡城外的兩種觀點
		媒體識讀
3	雲端的觀照	議題正反思辨
		多元媒材的融合運用
		影像的斷與連
4	繼起的意象	時間節奏的切分
		深層意義的連結
		小論文比賽主題設計
5	觀點的交流	跨國深度旅遊行程規劃
		報導文學的寫作

開啓城市的「視」窗

圖2-3 「城中詩樂園」發展架構

須文蔚教授《詩路：臺灣現代詩網路聯盟》及相關線上影音創作分享

http://faculty.ndhu.edu.tw/~e-poem/poemblog/

7.課程發展者：國文科歐陽宜璋老師

8.學生先備知識分析

　⑴ 學生多為跨學區就讀，對校園周遭環境頗為陌生。

　⑵ 學生已經進行過一個學期的跑班選修課程。

　⑶ 選課學生不少上過相關人文選修課程，對於創作有興趣。

9.學生學習能力分析

　　⑴具備觀察影像及環境的基本能力。

　　⑵具備捕捉影像，詮釋與創作的能力。

　　⑶具備向他人分享討論的基本能力。

㈤教學與評量

　1.探究與創作：問題導向的教材設計，逐步引導學生思索。

　2.小組合作：合作小組是教學活動的個體，學生對於觀察現象
　　的解釋。

　3.本課程的多元評量，依據課程進行的三大學習進程：
　　詩與樂的微型創作（50%）（書面或影片形式）、課堂學習單
　　（40%）、小論文或成果展合作企劃（10%）。

　4.學習成效：透過後續的書面與多媒體創作，以及極光詩社復
　　興等結社活動，深化特色課程的具體學習成效。

㈥核心概念

　　以「臺北城」為中心的「視覺力」符號運用與詩樂的循環傳播

　1.「語言符號」與「數位符號」的界定

　　⑴語言符號學的定位

　　現代符號學的創始人之一索緒爾（Ferdinand de saussure 1857-
1913）曾解釋符號的二分理論，認為符號由能指（signifier）
和所指（signified）構成，而能指和所指之間的連繫是任意的
（arbitrary），而其任意性的關係則由社會約定俗成：

　　「符號（能指）與代表事物（所指）之間的自然連繫，是具有理

據的符號所組成的系統。」（索緒爾、1983）由此可知，「符號」在社會脈絡之下，具有反覆與固定的意涵，也是藉由具體媒介去間接陳述內容意涵的途徑。

(2) 數位符號學的界定

在此先將「數位符號」定位為透過數位影音的方式所呈現的符號語言，本文指的是「電影符號學」，界定如下：

「電影符號學以至於數位符號學，是經由鏡框鏡頭－動態影音－統合解釋所組成的三元關係。」（齊隆壬、2013）

2. 「語言符號」與「數位符號」間的轉換

在文學創作與電影改編（或電影、動漫劇作改編小說）中，透過導演的獨特視角重新詮釋文本與語義脈絡，常常成為各自獨立的藝術品，適合分開來理解。正如義‧艾柯的符號學：（Umberto Eco.1986.*Semiotics and the Philosophy of anguage*）一書所言：「在語義迷圖中，無限偶然將瓦解於非同等的網絡。因此在能指的名稱與所指的事物間，應有雙向和多元的語義分析。」（Umberto Eco、1986）

在課程設計之中，個人曾經指導學生進行《少年Pi的奇幻漂流》的3D電影與小說文本的比較，進而分析電影和小說文本的不同風格。以下，我們就嘗試以《少年Pi的奇幻漂流》電影與小說原著中關於「無人島的一副牙齒」的敘述為例，探討不同創作者運用不同的視覺媒介，而達成不同的閱、觀效果，如圖2-4：

3. 視覺力的範疇

美國2014國家核心標準視覺藝術領域包括了視覺藝術（visual arts）和媒體藝術（media arts），其中視覺藝術包括了傳統藝術的圖畫、油畫、版畫、攝影、雕塑以及設計觀念。而媒體藝術則包括了影

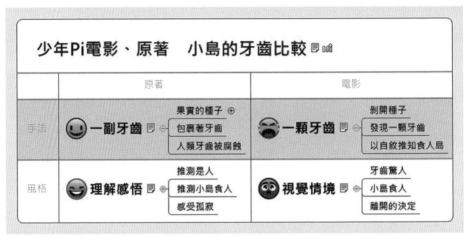

圖2-4　《少年Pi的奇幻漂流》的「牙齒」：3D電影與小說文本的比較

片、視覺傳達、動畫以及新興科技。在此特別強調：作爲高中國文學科本位的視覺力欣賞與表達，爲透過初步的藝術認知、理解，感知與分析，運用文字爲主、圖像或影像爲輔的方式去達成傳播的目的。

4. 用視覺力的層次去分辨一首好詩

　　詩，是城市的行道樹，而影像與視覺符號，更是通往未來世界的祕府。在引導學生欣賞與創作時，可以先從區辨好詩與壞詩開始：

　　《文學理論導讀》的作者泰瑞・伊格頓在新著《如何閱讀文學》最後一頁所言：人類史上最糟的作家之一，或許是十九世紀蘇格蘭詩人威廉・麥克戈納格爾，以下他的詩作〈銀色泰河的鐵路橋〉所描述的影像與視覺符號，幾乎沒有延伸的意象可言：

　　銀色泰河的美麗新鐵橋
　　你堅固的橋墩與拱壁如此壯麗；
　　……

因為你是當今最大的鐵橋；

數英里外就能看見你的身影，

從泰河的東、南、西、北……

—— 威廉‧麥克戈納格爾〈銀色泰河的鐵路橋〉

　　再比較一下2016年台積電青年學生文學獎：新詩首獎——張霽的〈時光奏鳴曲〉，據作者的感言可知，這首詩的靈感來自師大附中顧蕙倩老師在課堂上提到重力波的概念，而得獎作者在下課之後，親自走到臺前，在黑板上畫下了她的概念，完成了她的詩歌意象。因此，評審之一許悔之先生認為：「這首詩的意象不僅僅停留在海上，更是超越海，寫得更多，想得更細膩。」並認為它是一首音響迷人的好詩：

夢裡我來到那片無人的海岸

好多隨風飄逝的名字都刻在鵝卵石上

被沖刷、磨蝕

直到乘著氣流遠去

一片綿密的記憶於是織在平流層底

我在潮間帶抬頭仰望

想著那個不再有天氣的海拔

風幾乎是靜止的

但空氣裡有揮手的痕跡

思緒與海波平行

穿過沒有門牌的海蝕門

在浪裂線前

和浮力阻力並行著

想到星星已劃過下一個時區了

而光仍在這

海平面以鋼琴的單音閃爍

時間覆寫未知的名字覆寫時間

彎腰拾起一枚貝殼

上面的螺紋迴轉到濤聲的起點

（得獎感言）感謝蕙倩老師在寫詩的路上為我輕輕一點，沒有那天中午的對談，就沒有現在這首詩。感謝陳懷恩導演的紀錄片《如歌的行板》和瘂弦先生的詩，是那樣溫柔如水波的句子讓詩找到了我。某方面來說，我是個沉默的人，因此也感謝我的家人了解我，當我不說話的時候。

如果你願意慢下來看看這片海，那就讓我們在詩裡並肩而立吧。

由此可知，內在創意與外在形象，透過了符號的運用，而達到明確溝通，是學習任何科目的必經之道。如果在青少年時代習得的符號運用能力與素養，能成為終身學習的伴手禮，那你將是一個用眼讀世界，用心理解環境的人生旅者。

㈦教學模組

主題	教學模組	內容	作業	對象
城中詩樂園——尋詩、譜詩、演詩	城中1：定點觀察（4hr）	1.以上課時間的綠園為觀察焦點。 2.觀察／採集與表述分享。	1.一張照片＋一張簡述的ppt先說故事，再改為精練的詩句。 2.完成圖文對照的校園故事ppt。 3.再改寫為一首詩。	高一至高三，均可
	城中2：移動視窗（8hr）	1.事先規劃一地一文本，以往返不耗時為原則。 2.介紹實地觀察的要點。 3.引導創作，即時分享。	1.五人為一組／達成移動觀察。 2.將現代詩的意象寫作融入其中，採訪者將被採訪者的資料繪成圖像，進行分享。	
	一首詩的誕生：（10hr）	1.一首康明思的小詩： 康明思（e. e. cummings, 1894-1962）〈L(a)〉 l(a) 　　　　l(a) 　　le 　　af 　　fa 　　ll 　　s) 　　one 　　l 　　iness 這首詩的「內容」如下： a leaf falls: loneliness（中文：「一片葉子落下，寂	1.本模組在每次特色課程，均導入即時創作，之前會依以下書單，適時導入創作之前，活動之後。 2.教與學建議書單 中文部分 曹雪芹（1984）。《紅樓夢》。臺北：里仁書局。 楊牧（2004）。《一首詩的完成》。臺北：洪範出版社。 Diane Ackerman著，莊安祺譯（2004）。《感官之旅：感知的詩學》。臺北：時報出版。 吳明益（2011）。《天橋上的魔術師》。臺北：遠足文化。	

主題	教學模組	內容	作業	對象
		寞」），但由於「形式」獨特，使它成為風格獨具的現代詩。 2.比較一首好詩和壞詩（見前）。 3.分享學姊朱天心／許瞳的青春詩文創作歷程： 許瞳《裙長未及膝・後記——只有我們能夠寫的》 ⋯⋯ 　去年冬天，去聽了朱天心女士的演講，請「永遠的女神」在我那本破爛的《擊壤歌》上簽了名。我問她，有什麼方法能夠把什麼都不懂的青春歲月好好寫下來嗎？朱天心轉述了父親當年給她的話：「妳什麼寫也不過我！但若要我寫一個高中女生的故事，我怎麼寫也寫不過妳！」 　「這只有妳能寫啊！」她笑笑對著我說，「所以就別想太多，勇敢地寫下去吧。」 二〇一六年末 （引用內容參考附書）	鄭毓瑜（2014）。《文本風景：自我與空間的相互定義》。臺北：麥田出版社。 橋本恭子著，涂翠花、李文卿譯（2014）。《島田謹二：華麗島文學的體驗與解讀》。臺北：國立臺灣大學出版中心。 Erin Hunter著，高子梅譯（2014）。《貓戰士首部曲——荒野新生》。臺北：晨星出版社。 Terry Eagleton著，黃煜文譯（2014）。《如何閱讀文學》。臺北：商周出版。 Antoine de Saint-Exupery聖修伯里著，宋碧雲譯（2015）。《小王子》。臺北：志文出版社。 Dan Roam著，林麗冠譯（2015）。《簡報Show and Tell》。臺北：天下出版社。 Matteo Pericoli著，廖婉如譯（2015）。《窗：50位作家，50種觀點》。臺北：馬可孛羅文化。 Randall著，張瑞琪譯（2016）。《解事者——複雜的事物我簡單說明白》。臺北：遠見天下文化。 羅晴（2016）。《星期二的詩：相愛是什麼》。臺北：寫憶文化創意有限公司。	

主題	教學模組	內容	作業	對象
			許瞳（2017）。《裙長未及膝》。臺北：聯合文學出版社。 陳允元、黃亞歷（2017）。《日曜日式散步者——風車詩社及其時代（Ⅰ暝想的火災Ⅱ發自世界的電波）》。臺南：臺南市政治文化局。 王聰威主編（2017）。《歌詞學（聯合文學387期）》。臺北：聯合文學出版社。	
	歌／樂（6hr）	（由顧蕙倩老師援歌入詩） 1. 發現詩與歌的祕密。 2. 陳綺貞：我們有神祕的連結，我們是指誰？ 3. 聽見詩看見音樂：詩與歌的異同。 4. 記憶的貼圖：意象的新與俗。 5.【意象】的定義。 6. 什麼是你的意象（關鍵字）。 7. 我和你的塔羅牌：找尋遺失的靈魂。 8. 為你完成一首詩（內含兩組意象）。 9. 走出意象的迷圖。 10. 書寫自然的樂趣。 11. 籤詩──以現代詩占卜。 12. 小詩快樂讀。	1. 以歌與樂融入詩質的文字。 2. 將文案融入城中意象。 3. 依北門、南門、西門進行移動書寫。 4. 跨選修課程的文學類型課程活動連結。 5. 異質特色課程的活動連結。	

主題	教學模組	內容	作業	對象
	詩樂劇（4hr）	1.請萬苓老師提供：「平板愛玩客」特色課程，以資訊科技結合詩歌的譜曲與表演。 2.融入崑曲的身段與紅樓情境中的崑曲表演情境。 3.引導同學比較東西劇場創作，並嘗試呈現詩樂劇的展演。	1.以肢體的語言融入視覺力。 2.進階版： ⑴崑曲的身段及紅樓詩話。 ⑵西方莎士比亞的詩劇朗讀與創作。	
	遊於藝的交流（4hr）	1.進一步詮釋旅行書寫的移動性觀察與思辨式書寫。 2.導入心智圖與小論文的三人分組討論。	1.以旅行者的角度持續保持對話。 2.預約下一個學期初的小論文倒數計時，與倒數計時的雲端連繫。	

㈧教案設計

		課程名稱：城中詩樂園
教案內容		教學時間：每次2小時（可視需求，彈性調整）
	課程類型	本課程以國文為起點，透過「視覺力」進行地理、音樂與藝術的跨科協同教學，並透過小組合作學習轉化為語文素養與應用設計表達力，透過廣泛閱讀、觀察、討論與詩樂劇呈現的方式具體實踐。讓學生以北一女為中心視野的「城中詩樂園」而移動分享的終身學習能力，具體落實並回饋社區及雲端，並且後續連結校內及校外跨科社群，呈現「城中詩樂園」的永續經營。
	設計理念	以「詩」與「城中」為核心，依序進行以下互動式課程。 　1.尋詩：導引學生了解校園及城中區文學及感官越界的旅遊。 　2.譜詩：結合音樂與影像，個別／共同創作相關詩作，並培養思辨深度。 　3.演詩：結合舞臺表現與古典身段，培養文化的內涵與表達層。

課程名稱：城中詩樂園		
教案內容	教學目標	1. 尋詩：透過觀看轉化為聽說讀寫的語文表達與應用。 2. 譜詩：跨科合作的詩／歌／音樂創作。 3. 演詩：跨科／跨校協作的小組合作與展演。
	教學方法	1. 探究式教學：問題導向的教材設計，配合社區現場的考察與提問策略，逐步引導學生思索。 2. 廣義的創作：社區考察前練習各種書寫方式，幫助學生在社區考察時聚焦觀察與譜寫觀察所得。 3. 小組討論與合作：透過小組討論，每週一詩，並合作影像與歌／劇的展演，小論文的書寫。
	教學資源	設計以選課學生為中心，在逆向的學習者中心操作之下，把旅行的創思課程，微調到以詩樂創作為主，向外探索為輔的：城中詩樂園。 　　首先以北一女中實研組的杜欣怡組長，與教學組長郭碧娟的十二年國教擘畫為起點。在發想之初，邀請郭美美老師與海山高中的張玲瑜老師在校慶前晤談諮商於國文專科教室。 　　實踐方面，連結陳美桂老師與名家朱天心的對談，跨校得到建中的吳昌政老師，附中的顧蕙倩老師，北一創作歌手羅晴，一流文化導覽洪國雄先生，與行吟澤畔的茶琴雅士：洪澤南老師共成，更感謝同開此課的蔡永強老師提供了社會關懷的明鏡。
	教學活動	此教學模組的活動主要可以分成三個部分：發現、印證與呈現之旅，其教育意義就是實踐以學生為主體的學習活動。以下就以北一女中105年、106年已實施及實施中的高一特色跨班選修課程：「城中詩樂園——走出綠園的17種方法」、「城中詩樂園——尋詩、譜詩、演詩」，提供由視覺影像導入語文符號、文學意象的入門方法。其設計層次為： 1. 初階視覺力：移動觀察——線性移動，尋找觀察焦點。 2. 進階視覺力：創造呈現——擷取特定視覺符號，形成個人觀點。 3. 三階視覺力：同儕回應——建構互評與回應的機制。 4. 永續視覺力：形成關聯——連結相關的課程或線上社群。 以下即依序分述實際教學活動：

(九)實際活動內容

　　以下為105年、106年北一女中高一特色跨班選修課程「城中詩樂園──走出綠園的17種方法」、「城中詩樂園──尋詩、譜詩、演詩」的課程模組與實務：

1. 移動視覺力：線性移動，尋找觀察焦點。
2. 創造視覺力：擷取特定符碼到創意的實踐。
3. 回應視覺力：詩與歌的交響。
4. 連結視覺力：思考批判與線上的永續經營。

模組	實施主題	實施內容	實施方式
1.移動視覺力	一隻貓與我的故事	在校園裡，人與動物的關係是寵物、朋友與療癒對象三重關係。	1.同學互相介紹自己與貓的故事。 2.想像貓在不同空間的。
1.移動視覺力	朱天心我的街貓朋友	透過北一講堂〈我的街貓朋友〉的舉辦，邀請校友朱天心女士蒞校和師生分享社會關懷與創作之理念與實務，開拓北一師生對於關懷動物以至於社會關懷與文學創作的視野。（如圖2-5、2-6） 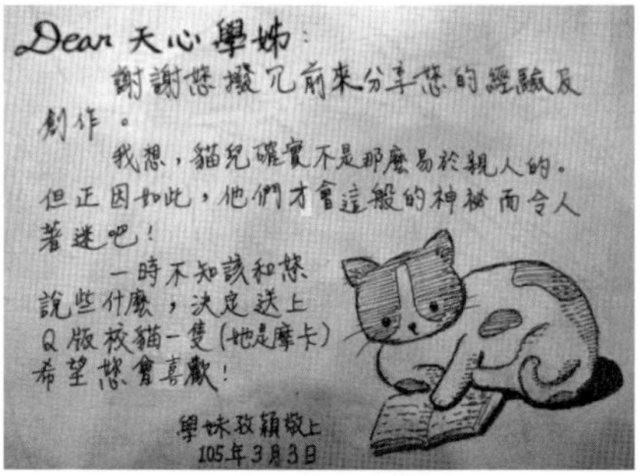 圖2-5　朱天心〈我的街貓朋友〉	1.以北一講堂的模式，結合國文課參與及特色課程的時段，邀請綠園學姊的朱天心分享街貓朋友。 2.文學創作的分享。

模組	實施主題	實施內容	實施方式
		 圖2-6　邀請校友朱天心女士	
2.創造視覺力	自我形象與服儀問題	許瞳《裙長未及膝》（聯經，2017） 在上述的北一講堂中，二忠的同學許瞳正撰寫《裙長未及膝》一書，演講之後詢問天心學姊該如何突破生活觀察面狹窄的瓶頸，天心學姊則勉勵她要寫出別人不能寫的自己，使許瞳的作品《裙長未及膝》呈現了新的《擊壤歌》氣勢與個人風格。	1.因應北一女中服儀問題，結合美術課勾勒自我的形象。 2.畫出心目中的我，並分組討論，分析不同的想法和綠衣的象徵意涵，自己的感受。
1.移動視覺力 2.創造視覺力	走出綠園走入228公園（如圖2-7、2-8）	美國文學院最受歡迎的小說教授湯瑪斯‧佛斯特提醒每一位創作者：無所不在，其實只是一個特定的地方。專注微小之處，才能讓語文天地裡的郵遞區號讓你我投遞訊息。 　　今天要去聽二二八的春雨和夏蟬，再佐聲音入詩： 　　　　二二八。給我們的夏 　我們的夏喧鬧的那樣安靜 　擎天的碑下是深沉如海 　雨聲的咆哮敘說一段歷史，膏著化不開的	1.雨天備案：以小組為單位，錄製228公園的聲音，並回到定點完成一首聲音的詩。 2.晴天的春日： (1)聽覺體驗：兩人一組，蒙眼過橋 (2)景點定格觀察：實地體會由228至

模組	實施主題	實施內容	實施方式
		與試圖穿石的聲響 我們是一群楓葉與楓果 靜躺著，浸淫雨中 我們沉默地發出一點窸窣 等待，雨停的瞬息 　　　──仁班　林孜穎	臺博館，穿越清光緒／日治／民國時代的今昔對比，和身處其中的自我定位與反思。 3.回到校園，聚焦一景或一聲音，即時創作一首圖文小詩（或聲音與詩）。
1.移動視覺力 2.創造視覺力	105/4/14 建中／北一女 校園影像故事對讀	透過與建中國文科師生的互動與共構課程，增強與生活結合的語文表達能力。 　一向以為校園影像故事是很容易的作業，但是相觀而善之下，綠衣人對於以空間與詩所構築的校園意象，有了更深更廣的觸動與呈現。 　城市，是心靈的倒影。詩與樂，是現實與夢想的橋梁！感謝吳昌政老師為我們築橋。	走訪建中，並進行跨校的校園圖文創作交流對談。透過與建中國文科師生的互動與共構課程，增強與生活結合的語文表達能力。 （見圖2-9）
1.移動視覺力	城中的空間探索與時空巡禮	由臺北的門面：承恩門踏入「城中區」，在文獻會吳德信老師的悉心導覽之後，可順路品嘗延平南路的清真牛肉捲餅。在品嘗清真美食的同時，我見證了隨著政府來臺的桂系與綁著回教的頭飾，立體的輪廓，回教傳統。	1.由於北門的引道拆除，由中山堂到北門的城中導覽成為文獻會的熱門路線，但是在課程之中較容易預約。

模組	實施主題	實施內容	實施方式
		 北一女中彭安婕北門影音創作：〈走〉 https://youtu.be/hDwhGg8oWo 圖2-7　走出綠園的17種方法／城中想像	2. 建議的延伸城中景點：臺博三館（小南門），西門町的西本願寺輪番所品茶，並探討臺北府城：寶成門在1905年因實施市區改正而遭到拆除，是臺北府城唯一完全被拆除的城門。
2. 創造視覺力	105/4/21 逆思創作樂團的環島音樂誌	師大附中顧蕙倩老師分享附中校友詩樂創作。從師大附中的五月天、師大附中的薪飛詩社，展開一條陽光大道。久候的詩樂園，期待著詩的創作，樂的洗心。 　　蕙倩老師讓城中詩樂園聽見詩，看見音樂：詩與歌的異同。如何運用記憶的貼圖，意象的新與俗，排出你的塔羅牌，進而走出意象的迷圖。 ～我能想像心之所至　有一方桃花源　整個世界暫停奔馳　我在此刻靜默數分鐘 　踏浪海濱　數著螢火蟲 　看著牠們幻化為點點星辰 　想要的生活總有一百種 　不想掉進這名為銀河的漩渦 　　　　　　——一仁　林筱涵	1. 先經由師生互動，導入一首詩的創作與譜曲演唱，並分享附中環島的詩樂之旅。 2. 學生習得的逆思歌曲而改寫為詩的能力，在期末的成果展充分運用，並創作了自編詩歌與自編歷史情境劇。

模組	實施主題	實施內容	實施方式
4.連結視覺力	洪澤南茶的情詩	邀請國立戲曲學校洪澤南老師，分享詩詞吟唱與琴藝，將國文科的古今文本與情境教學，延伸至多元選修的深度視野。	在國文專科教室進行社群教師與特色課程學生的教學與對話。
3.回應視覺力	成果展的綜合呈現	 圖2-8　走出綠園的17種方法／成果創發	在成果展的倒數計時討論中，學生自然將她們所定義的「詩樂」課程，切分為自創民歌／詩的音樂表演／穿越時空劇場的方式，來呈現城中詩樂園的創意與時空背景，與未來的前瞻性。
4.連結視覺力	小論文的延伸創作	1.104-2課程獲獎作品：〈網路原創遊戲類小說的性別議題與視覺化分析〉（第1051115梯次特優作品）投稿類別：文學類篇名：晨譽落豔──《全職高手》〈女性職業選手角色的探討〉作者：二義張容瑄，二平王泳晴，二射謝岱凌完整內容請參考超連結網址：http://www.shs.edu.tw/works/essay/2016/11/2016111422500508.pdf 2.105-2學生獲獎作品：綠園文粹哲思散文二獎：陳巧耘〈論殉〉	以上延伸的視野連結與創作，已經透過對外的社會機制，得到永續創意的連結，進一步伸展城中的視窗。

小城故事 2016
~由青城到紅樓

時　間｜2016.4.14
地　點｜建中博學講堂
指導老師｜歐陽宜璋、吳昌政

Dinner 輯一｜那些人事物

建國中學	作品	北一女中	作品
210 莊立暄	人生很短，只夠一次 120	一勤 邱苡瑄	一場名為青春的旅行
211 劉祐綱	與黑冠麻鷺的邂逅	一仁 陳玥妡	在路的這一端相遇
211 潘藝恩	挑燈苦讀的高三生	一勤 韶雅竹	靜謐
210 儀函睿	別離	一孝 楊喬	跑
210 朱軒立	黯淡的閃亮	一仁 林改穎	北一之最 大熱滷味

Dinner 輯二｜校園景觀

建國中學	作品	北一女中	作品
210 曾庭嘉	意料之外	一勤 張庭瑄	略
211 劉彥佑	放學了，夜深了	一公 彭安婕	廊
211 蘇柏頠	雨中的建中	一仁 林筱涵	寂靜
210 吳柏毅	建中操場草地	一愛 王泳晴	通往異世界的大門
211 陳倚元	監獄	一勤 陳奕佑	古董
210 莊立楷	溜逝銘	一信 張容瑄	咲

Dinner 輯三｜夢想邊緣

建國中學	作品	北一女中	作品
211 郭景喬	無線上網 無限上鋼	一公 曾晨芳	光影之交
211 工淞平	夢想	．勤 謝欣華	載著希望、英姿煥發
211 陳泰祥	夢	一誠 陳心昀	曾經

圖2-9　小城故事2016——由青城到紅樓（節目表）

以下是建中211班

陳泰禕同學的校園影像創作：〈夢〉。（見圖2-10）。

　　一件實驗衣，角落的汗水與未來的夢想。很三類卻很文學，這是建中國文科吳昌政老師給予城中詩樂園不一樣的思路激盪之一。

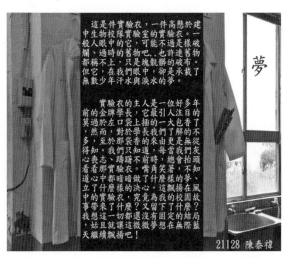

圖2-10　小城故事2016──由青城到紅樓（陳泰禕〈夢〉）

㈠校園影像故事的三個層次：（如圖2-11～2-13）

　　1.那些人事物

　　2.校園景物

　　3.夢想邊緣

早晨揹著書包漫步而行，中午提著一大袋外食嘻笑走過，放學三五成群聊天笑語，這一條百花盛開的小徑啊，串起了綠園的每個日子。

這裡就像是一條魔法通道，花叢下的貓咪是守護使者，牠們在此嚴格把關，扣留你的悲傷。沒你的煩惱，走到了路的另一端，拾起微笑，又是美好的開始。

這一條百花盛開的小徑啊，承載了每個北一人的夢想，走吧，牽繫彼此的手，我們的青春，正要啟程。

在路的這一端相遇

靜謐
一年勤勤班38號謝雅竹

靜靜的，她躺在那
像孤傲的女王，像帶刺的玫瑰
待你一靠近，便豎起全身的防備

「摩卡～」
你輕輕呼喚她的名
嗓聲是她的回答
輕輕地走過去
輕輕地順了順她的毛
然後輕輕地離開

此刻，一切又回復靜謐

跑

有時 我向後 比個挑釁的 手勢
用不著幾秒 就聽見妳急促的 呼吸
與笑聲
越靠越近 最後來到我耳畔
偶爾 妳的腳步聲 聽來竟如哭泣
我於是 放慢了速度 讓自己能在妳
左右
跑著的我們 雖沉默 卻又總是
多言在 彼此心裡

圖2-11　那些人事物

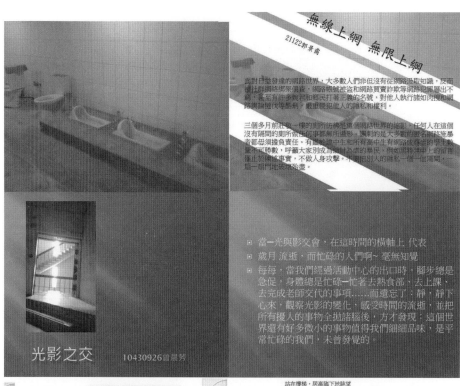

21122郭棨喬

面對日益發達的網路世界，大多數人們非但沒有從網路汲取知識，反而墮入歹徒網絡綁架偽鏡、網路帳號被盜和網路買賣詐欺等等網路犯罪層出不窮；甚至有許多網名和鄉民打著正義的名號，對他人執行諸如肉搜和網路輿論撻伐等酷刑，嚴重侵犯他人的隱私和權利。

三個多月前莊敬一樓的廁所彷彿是整個網路世界的縮影，任何人在這個沒有隔間的廁所做任何事都無所遁形。諷刺的是大多數那些名詞路施暴者毋須擔負責任。有鑑於其中生和所有高中生有網路成癮症的學生數量不可勝數，呼籲大家別成為前述所為虐的暴民，例如那些挺津中上的留言僅止於陳述事實，不做人身攻擊。不要把別人的隱私一個一個隔間，一扇一扇門地破壞殆盡。

- 當一光與影交會，在這時間的橫軸上 代表
- 歲月 流逝，而忙碌的人們啊～ 毫無知覺
- 每每，當我們經過活動中心的出口時，腳步總是急促，身體總是忙碌一忙著去熱食部、去上課、去完成老師交代的事項……而遺忘了：靜，靜下心來，觀察影的變化，感受時間的流逝，並把所有擾人的事物全拋諸腦後，方才發現：這個世界還有好多微小的事物值得我們細細品味，是平常忙碌的我們，未曾發覺的。

光影之交　10430926曾晨芳

站在樓梯，居高臨下地眺望
庭中的金字塔依舊矗立，
庭中的樹木依舊聳立，
一如往常地，不變

還記得，
廣場擠滿著各式服裝的小高一
跳出青春，喊出活力
撐著著高中生活的第一頁
那時，所有的努力
成為現在口中的曾經

曾經，那裡是熱門地點
曾經，那裡人山人海
曾經，那裡有學姊看著學妹表演
曾經的曾經，如同輪迴不斷重復
年復一年

如今，升上高二在即
新的學妹踏入綠園，
踏入這充滿回憶的廣場
展開屬於他們的青春
人來人去
留下的，除了金字塔，還有
過往的曾經

一誠19號陳心昀

曾經

圖2-12　校園景物

漾～智造特色

漏逝銘

21022莊立楷

桶不在高，有掀則淋；餿水不在多，有倒則淨。斯是漏逝，惟吾得腥。臺河上皆綠，糙色八臉清；痠嚐有洪濤，往來竟然還有柳下。無人至疏清，臭咪咪；無良知之制心，無道德之自持。南海駝客，熱食旁之檯。孔子云：「Hello~豬油~」

略

斑駁的痕跡伴隨著蜘蛛網，
顯然的，它已被人們遺忘。
曾經的輝煌　如今的落寞
沉睡在樓梯旁

光復樓連結中正樓的樓梯下方
你可以發現這個因為掉漆而顯現，充滿滄桑感的場景
這個樓梯我已經經過無數次了，可是真正發現它卻是等到高一下學期。
我相信一定有很多跟我一樣的人
忽略了很多值得發現的事物
如果每天給自己一點時間
多看看世界
生活必定有所改變

廊

出了教室連接著各個方向的廊在看似不起眼的角度下記錄著我們的點點滴滴。我們總是匆匆地走過它，不曾將日光放送欣賞，走在上面的我們有時伴隨著情閒聊，輕鬆地閒聊著；有時慌張的一路狂奔，只為了趕去合作社。它沉默地任我們踐踏，任我們在它換長的身軀上留下印記，心甘情願地聆聽著我們的故事。

上課的鐘聲是它的下課；這50分鐘的時間它是那樣的沉默，偶爾視那端看向另一端就像一條不見終點的道路。它，是那樣的寧靜，它的美是那麼的平凡，無限延伸的廊不知通往何方，或許它沒有起點也沒有終點，但卻擁有我們無限的時光，或許它是綠時光的長河，孕育出我們的青春。

英姿煥發的隊長們，昂首闊步地穿越三五成群的朋友，有說有笑嬉鬧。它雖處在同一條廊上，但通向各自的方向，不管目的為何，我們知道這條廊會繼續記錄我們的每一刻。

一公25號 彭安婕

圖2-13　夢想邊緣

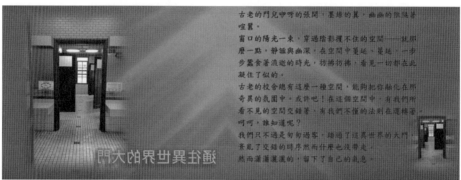

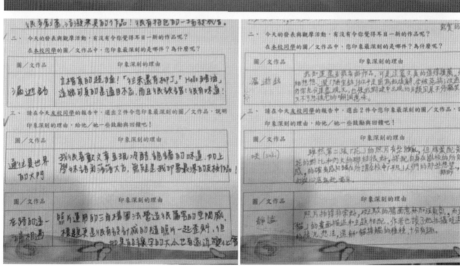

圖2-14　小城故事2016——北一／建中優秀創作與跨校互評

建中國文科吳昌政老師對城中詩樂園跨校校園影像對讀的深度回饋（如圖2-14）：

104-2教學筆記㈠：綠衣女孩的影像抒情詩

星期四上午與北一女中「城中詩樂園」的特色選修班級合辦了跨校成果發表會。主題是「校園影像故事」。要求學生拍攝一張校園照片，以詩文敘說影像背後的故事，並且抒發拍攝當下的心情。

南海駝客的作品我上學期就看過了，對照著圖像與文字，連接我平素對作者的認識，往往讓我讀之會心，興味盎然。孔子曾說詩歌可以興、可以觀、可以群、可以怨，我認為這四者都是就人格養成或者道德情感的覺醒、生發來說的。其實不只是狹義的詩歌，任何文學乃至於藝術，都具備「興觀群怨」的作用。進而由讀者同情共感，自我觀照，從而提升智識與情感。我覺得這樣子的自我養成的情感教育，也是文學教育的重要任務。

這次交流過程中，一直引我好奇的問題是：如果影像在某些程度上可以視作創作者心理／性格的外顯，那麼，個別的作品是否可以成為我們了解其心靈某處角落的窗口？而作品間如果呈現出某些共同特質，是否也能據以窺察出群體間共同的經驗與心理傾向呢？

北一女中選那門課的有十四位學生，發表十五篇作品。由於歐陽老師的細膩周到，我們在觀摩會前就已經編輯好學生作品，製作節目單與回饋表。我發現一女中的十五件作品，便縱主題各異，情思紛呈，於影像上卻展現出值得注意的共性。這些作品對於光影是敏銳的，與其說它們要強調畫面中的某項特定主題，不如說它們更關注於空間，包括空間中的光影變化，空間的迴旋延伸，或者是空間的通透與阻塞。

這組作品拍攝了很多的走廊、樓梯、窗口，或者門扇。反覆卷讀，彷彿看到一位又一位青春正盛的綠衣少女，行走在光影迷離的廊道之間，時

而快步疾驅，猶恐失之；時而舒徐信步，徘徊流連；時而佇足矯首，志在高舉；時而驚惶無措，冀盼天光。這些影像的詩句，不只屬於空間，也指涉著時間。對於所來之處、所立之處、所往之處，它們保持一份高度的警醒，特別在有光的盡頭，需要轉彎或者升降的時候，因為這些地方引導她們前往不同的出口。也因為這樣的警醒，使得這些早慧的心靈承受著無端的壓力，可能來自於傳統、來自於同儕，或者源於存在本身。

我不認識那批作品的作者，但是對於其影像間流露出的高度共性饒感興味。這樣的共同性表現在選修同一門課的學生身上，是屬於偶然？或者其實可以預測？我不得而知。可以知道的是我這位國文老師顯然強作解人了。但我依然好奇：如果說影像或者文字真的可以是通往人類心靈的祕徑，這條路究竟會引領我們抵達哪一處風景？作為一名老師，我能看見多少？

㈩學生作品：符號的運用與呈現

1.《星期二的詩》與學姊羅晴採訪（節錄）　　　　　張容瑄、曾晨芳

我們在陽光灑進窗格的五月天，與洋溢著詩、樂的互動空間裡，認識了身為作家歌手、創業者的學姊羅晴。重新穿上一襲綠衣的她，為我們帶來了她的詩集《星期二的詩》，也為我們演唱了她親自創作的歌，更歡迎我們對號入座，與十多年來的那些人、那些事、那些心境相遇。

身為極光詩社當年的四大臺柱之一，羅晴學姊同時也是臺北文學獎新詩首獎、臺大新生盃歌唱大賽冠軍、超級偶像第四屆第七名以及TVBS網站T博客專欄的常駐作家：羅晴《愛在ㄈㄈ尺》。

最初和學姊相遇，就是因為學姊所出版的個人詩集《星期二的詩》，

由於母親是作家，在耳濡目染之下，羅晴學姊與詩結下了不解之緣。進了高中之後，青少年時期的她有過多的熱情、感觸需要有一個出口，在生活各方面的壓力之下，實在是有太多東西需要抒發。而在這個同時，學姊發現了：創作，尤其是寫詩，便是一種紓解的方式。

「詩偏重抒發，散文則偏重自我成長，我是這麼認為的。」在羅晴學姊的眼中，發生某件事的當下，心思可能是混亂的，藉由寫散文，可以釐清自己思想的脈絡，釐清思想脈絡之後，便能知道現在所做的事對解決問題有無幫助，了解問題的根源，進而解決問題。而寫詩則是相反，藉由寫詩，可以逆向療癒自己，也更能誠實面對自我。……

2.小論文特優作品一：小說改編電影的符號運用與分析

（小論文延伸創作：第1030330梯次特優作品）

投稿類別：文學類

篇名：《少年Pi的奇幻漂流》電影與原著的表現手法與內在意涵探析

作者：二御謝昀庭，二貞吳湘芸，二禮許羽芝

指導老師：歐陽宜璋老師

完整內容請參考超連結網址：http://www.shs.edu.tw/works/essay/2014/02/2014022412315258.pdf

3.小論文特優作品二：網路原創遊戲類小說的性別議題與視覺化分析

（小論文延伸創作：第1051115梯次特優作品）

投稿類別：文學類

篇名：晨譽落豔——《全職高手》女性職業選手角色的探討

作者：二義張容瑄，二平王泳晴，二射謝岱淩

指導老師：歐陽宜璋老師

完整內容請參考超連結網址：http://www.shs.edu.tw/works/essay/
2016/11/2016111422500508.pdf

104-2城中詩樂園：動靜態成果展

https://youtu.be/0LgXtenAzX4（上傳與錄製：特色課程設計老
師歐陽宜璋）

　　北一女中104-2特色課程：城中詩樂園—走出綠園的17種方法，我們
該如何真正地旅遊？如何在旅程中看見真正的風景？一個緩緩獨步的人影
走出一俳聖芭蕉和他的《奧之細道》：慢慢地巡遊，切身地，以自己的腳
深入每一寸土壤，以自己的眼探入最深處的角落，並以一顆心浸淫在真正
的風景，吟出稀世之音。被稱作「生於旅，死於旅的芭蕉」，那種態度大
概就是我們一心嚮往的真正的旅遊吧。

　　行走，是一種感知，是自我存在的再確定，更是與他者跨界的語言符
號。今天十點的陽光正好，讓我們從菁圍走出，聆聽228公園的蟬聲，品
嘗爾雅書房的心靈宴饗，再由斑駁屹立的北門到南門荷造場的參天古木。
我們也從綠園上課時間，光復樓的廁所異世界，走到建中博雅講堂，低徊
於人情的針砭，漏逝銘的犀利體察，以及北一女中校友歌手羅晴十年磨一
劍：《星期二的詩》。

　　在1050623的最後一週，與小綠故事屋的全體同學同樂，並運用十七
週的學習所得，進行一場詩樂劇的串聯分享。在成果展之後，由陳美桂老
師進行課程與學生分享的講評。

經過了城中詩樂園十七週的特色課程，在最後一次的課程中，週四班的城中詩樂園與小綠故事屋的兩班特色課程以動靜的成果展相遇。

或許就如小綠故事屋的馬銘汝的後記：

這只是我超長篇小說的第一章，不知從何著手，只能先簡單描寫其中的主角，以及這是個什麼樣子的世界。

當初和兩位專任教師共同接下特色課程的任務，腦海中只想到：走出綠園這個主題能吸引學生。而第一堂課時，學生所建構的願景令我整個扭轉了特色課程設計的方向：身為一個全方位發展的綠衣人，走出綠園早就不是吸引她們的唯一選項，她們想要以各種可能的方式，增強對詩的感知與觸發。很榮幸的在北一女中陳美桂老師的引領支援之下，陸續看到了建中吳昌政老師的校園影像故事，附中顧蕙倩老師的詩樂逆思，學生羅晴《星期二的詩》，爾雅隱地與林貴真老師的文化夢想，走過北門的天和日麗，與洪國雄老師的由自己的母土中汩汩匯注的同感與感動。而洪澤南老師的天籟吟調，更讓傳承透過最

溫暖的語言湧流於城市角落，古道照今塵。但願從菁圃走出綠園的我們，和這一方校園的無盡時空相遇，也讓我們的心靈彼此提攜，在路的這一端相遇。

㈢實施成效檢討
104-2課程設計優質評鑑紀實（**如圖2-15**）

自100學年度以來，北一女中為了一步步迎向未來的新課程、新領域與新格局，陸續參與了：行政管理、學生學習、教師教學、學校領導、資源統整與課程發展等優質學校的高階評鑑，而本學期的特色課程，適逢複審訪視的時刻。自104學年度以來，學校即將特色課程開設於週一週四的3、4節，全年級24班對開，跑班自由選課。即使忙碌，但是有了自我澄清主軸，與學生即時回饋增長的空間，足為榮幸。學生到了下學期，全面改選的志願之下，既已嫻熟課程性質與節奏，又單純為了志趣而來，不在功利，充滿了自主學習之樂。

因為筆者上個學期開設了一門特色課程，由於種種機緣而能與跨校及跨科的同仁戮力並肩，又巧遇深愛詩樂的選課學生。在逆向的學習者中心操作之下，把旅行的創思課程微調到以詩樂創作為主，向外探索為輔的：城中詩樂園。一路行來，首先感謝的是甫來綠園即專精於實研組的杜欣怡組長，與國文科高能力、高EQ的教學組長郭碧娟。在發想之初，邀請郭美美老師與海山高中的張玲瑜老師在校慶前晤談諮商於國文專科教師的迴廊。而美桂老師與名家朱天心的對談，尤為課程畫龍點睛。感謝建中的吳昌政老師，附中的顧蕙倩老師，北一創作歌手羅晴，一流文化導覽洪國雄先生，與行吟澤畔的茶琴雅士：洪澤南老師，更感謝同開此課的人提供了社會關懷的另一篇明鏡。

圖2-15　104-2優質學校課程評鑑

五、課程回饋意見與後續實行建議

㈠學生即時回饋與後續互動

    1.因為城中詩樂園的課程,讓我更加認識了北一女周遭,城中區
      裡許多歷史悠久的古蹟,也學到了詩、歌之間密不可分的關
      係,並開始嘗試創作。謝謝老師這一個學期的帶領,讓我有了
      一學期難以忘懷的特色課程。(雅竹)

    2.我在這個學期的特色課程中得到了許多珍貴的回憶,謝謝老師

如此用心的籌備課程，請了許多講者分享，也帶我們見識不同的地點與美食，使我上課前都充滿期待，也讓我對文學產生了興趣！（欣蓉）

3. 我非常高興可以參與詩的體會與創作課程。每次上課我都吸收到很多東西，從朱天心學姊的演講到成發的準備，我非常開心可以在這門課程中學到這麼多。也很感謝老師協助我們撰寫小論文，觀察網路文學中女性電競選手的角色。（容瑄）

(二)教師自主評估

北一女中104學年度第2學期高一特色選修課程教師自主評估表

課程名稱：城中詩樂園　　授課教師：歐陽宜璋

項目	檢核指標	達成率檢核				質性描述
		100%~80%	79%~60%	59%~30%	29%~	能以互動省思來進行教學
1.教學內容	1-1教學內容能符合課程教學目標	✓				課程以詩樂的欣賞與創作為核心，每節落實於詩樂創作。
	1-2能掌握教材核心概念並講授清楚		✓			
	1-3能有效連結學生相關學習經驗，啟發學生思考與討論	✓				
	1-4能適切提供練習或作業，讓學生精熟	✓				
	1-5能適時歸納總結學習重點		✓			

項目	檢核指標	達成率檢核				質性描述 能以互動 省思來進 行教學
		100% ~80%	79% ~60%	59% ~30%	29%~	
2. 教學方法	2-1能引起並維持學習動機	✓				本學期的課程,多能結合他校師生同校不同班群,引起反思討論。
	2-2能善用提問技巧,提升學生思考能力		✓			
	2-3能有效掌握教學節奏和時間	✓				
	2-4能運用合作學習的方式讓學生參與教學活動	✓				
	2-5能適時使用各種教學媒體與器材	✓				
	2-6能適時給予學生鼓勵與回饋	✓				
3. 教學評量	3-1能依課程目標與學習內容採用適當的評量方法	✓				作業的落實度很高,多能利用課堂中段的時間共同生成。
	3-2能明確告知學生評量內容、作業要求及相關事項	✓				
	3-3能兼顧形成性與總結性評量		✓			
	3-4能以多元方式進行評量	✓				
	3-5能依評量結果改進教學	✓				

項目	檢核指標	達成率檢核				質性描述
		100%~80%	79%~60%	59%~30%	29%~	能以互動省思來進行教學
4.學習成效	4-1能適時檢視學生學習成效	✓				學生回饋良好。
	4-2學生能展現良好的學習成果	✓				
	4-3學生能具備良好的學習滿意度		✓			
5.教師自我成長	5-1能因應檢核結果調整課程設計	✓				由於學生偏好詩歌創作,因此在學習社群及課程實踐上進行微調。

(三)創意特色與後續執行建議

　　1.創意與特色

　　　⑴學生能以視覺力及移動力自主學習,透過合作達成預期目標。

　　　⑵學生在觀察應用之後,能運用習得的素養與能力,持續互動。

　　　⑶授課學生能在學習之後持續進行社會參與,與教師開設雲端管道。

　　2.後續執行建議

　　　⑴跨校的籌備,需要良好的前置作業。

　　　⑵跨校觀摩與即時回饋,有助於後續活動的推展。

(3)特色課程的規劃與實施，由構思到實踐，適合原來的設計者
　　一以貫之。

(4)特色課程班級成員如果是自由意願，第一節課宜開放分享個
　　人願景，再將課程微調，才能落實學習者中心的課程發展與
　　有效學習。

　3.誌謝

　　本課程之從發想到實踐的過程非常感謝北一女中實研組杜欣怡組
長，以及高中職優質學校課程發展的協同夥伴給予指導協助，謹此誌
謝。

(四)後續的跨科共備活動

　1.討論的焦點：北一女學區鄰近臺北城的重心，若能及早規劃
　　高一至高二的進階特色課程，可以形成校本的特色之一，因而
　　構思：臺北城備課社群，先從校內夥伴跨科合作，激盪彼此的
　　教學經驗。

　2.結合：城中詩樂園「讀」+地理科張聖翎的臺北城踏查趣
　　「覽」+音樂科的平板愛玩客「樂」，希望能夠「跨域」，將彼
　　此的專長結合，因而成立「樂讀臺北城」的PLC。

　3.同步成立「城中詩樂園跨科視覺力社群」：以高一特色
　　課程的跨科協同教學，探討未來進階課程：臺北城跨科特色課
　　程設計之可能。說明如下：

　　從語文／藝術這兩大領域的跨科設計來看，我國十二年國教的
藝術領域課綱以「表現」、「鑑賞」與「實踐」為三個核心面向，
而美國課程綱要在目標2000：教育美國法規（Goals 2000: Educate
America Act）中，明訂「視覺藝術」成為美國高中明定的主科，

而2014年美國最新國家核心藝術標準（National Core ArtsStandards (2014).）則強調學生必須有真實參與藝術的經驗，才能培養確切的理解與認知，因此將核心素養的評量落實在創造（Creating）、表演／呈現／製作（Performing/Presenting/Producing）、回應（Responding）以及連結（Connecting）的能力（NCCAS, 2014）。而創造（Creating）力則來自獨特的符號與隱喻。相形之下，美國2014的核心藝術標準，在「表現」（表演呈現製作）與「鑑賞」（互動式的回應）與「實踐」（創造）之外，又多了「連結能力」，對應於重視視覺符號與意象經營的高中國文課程，「連結能力」相當能呼應以學習者為中心的開放式課程中，透過語文符號與外界連結，打開一扇充滿光影的視窗，與對未來的更多想像。

第三章

閱讀力：去閱讀，越讀趣

課程設計與編寫者：丹鳳高中國文科　宋怡慧老師

一、前言

　　Robert Frost在*The Road Not Taken*曾說：「林中有兩條路，我選擇人煙稀少的那一條，自此帶來完全不一樣的生命結局。」雖說閱讀是一條孤獨絕美的閱讀旅程，文字卻像條無形的絲線，讓複雜的人情，緊密地繫綁在一起，在閱讀的湖波裡，印照出靈犀互感的光影。閱讀課設計的初衷其實很簡單，它想培養學生學習閱讀、喜歡閱讀、主動閱讀的能力，讓學生透過知性閱讀找到歸納推論、思辨省思的能力；透過情意散文感知自然生活，同理關懷人群。不管是閱讀理解能力的奠基，或是主題閱讀的自我探索，和閱讀相處的每一天，都讓自己覺得耀眼美好。

　　在讀寫時代來臨時，沒有閱讀的輸入，就沒有寫作的輸出；沒有閱讀活水汩汩流入，就無法成為獨立思考的人。在十二年國教課綱的精神下，國文科的課程地圖規劃，絕不能缺少閱讀這塊拼圖，它能讓學生理解過去，安頓現在，照鑑未來。一如嚴長壽所說：「我們應該從未來的眼光審視現在，而非用過去的經驗框限未來。」閱讀正好給

了我們廣闊的視角來觀察世界，面對未知世界的挑戰與考驗。

　　閱讀課的核心素養是想培養學生解決問題的能力，用「多元閱讀、適性引導、生活情境」的策略，讓閱讀成為學生離開課室帶著走的能力，甚至能以「做中學，學中做」的方式，用閱讀力服務他人。課程內容採「多元創意、文化理解、批判思考、表達溝通、合作學習、全球視野」為主軸，建構閱讀課程的特色，透過五感寫作與TED講臺的口說表達融入閱讀課程，訓練學生聽、說、讀、寫的能力。

　　透過閱讀，不斷地累積知識，發掘自己的潛能，因此，閱讀課不是知識的堆疊，或是分數競逐的P.K賽，而是在課室的對話共學，帶領學生穿越時空，走進不同的文本閱讀，讓學生與作者對話，打破既有的迷思，能欣賞多元價值，進而讓美感覺醒。在人生不同挑戰與考驗來臨時，靠著閱讀帶給我們堅定的信念與個人修養，戰勝過去的自己。

　　最後，以放手的方式，讓學生嘗試做學習的主人，在課程結束之後，學生們以分工合作、團隊共好的模式，落實服務學習的精神，啟動偏鄉閱讀服務隊的另一個閱讀、悅讀、越讀的旅程。

閱讀力：去閱讀，越讀趣

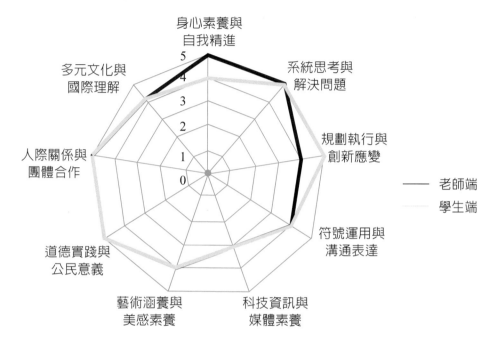

課程名稱	老師端	學生端
系統思考與解決問題	5	5
規劃執行與創新應變	4	5
符號運用與溝通表達	4	4
科技資訊與媒體素養	4	4
藝術涵養與美感素養	4	4
道德實踐與公民意識	5	5
人際關係與團體合作	5	5
多元文化與國際理解	4	4
身心素養與自我精進	5	4

圖3-1　十二年國教課綱

三、十二年國教課綱核心素養對照表

核心素養	核心素養具體內涵	自我教案檢視
A1身心素質與自我精進 A2系統思考與解決問題 A3規劃執行與創新應變	U-A1提升各項身心健全發展素質，發展個人潛能，探索自我觀，肯定自我價值，有效規劃生涯，並透過自我精進與超越，追求至善與幸福人生。 U-A2具備系統思考、分析與探索的素養，深化後設思考，並積極面對挑戰以解決人生的各種問題。 U-A3具備規劃、實踐與檢討反省的素養，並以創新的態度與作為因應新的情境或問題。	U-A1：學生能在最後服務學習課程時，依據個人的興趣與能力所在，與同學分工合作完成偏鄉營隊五大任務。 U-A2：學生可在課程發表時，依據自我特質進行探索，並於動態活動（開幕式、結業式、隊輔服務、課程進行）時，能積極面對隊員與自己的問題，並即時進行解決。 U-A3：學生能在預定的課程之外，根據現場學生的反應，進行課或活動的微調與應對進退上的調整。並針對學員在課堂提出的問題，給予引導且適切的回答。
B1符號運用與溝通表達 B2科技資訊與媒體素養 B3藝術涵養與美感素養	U-B1 具備精確掌握各類符號表達的能力，以進行經驗、思想、價值與情意之表達，能以同理心與他人溝通並解決問題。 U-B2具備適當運用科技、資訊與媒體之素養，進行各類媒體識讀與批判，並能反思科技、資訊與媒體倫理的議題。 U-B3具備藝術感知、欣賞、創作與鑑賞的能力，體會藝術創作與社會、歷史、文化之間的互動關係，透過生活美學的涵養，對美善的人事物，進行賞析、建構與分享。	U-B1：學生能運用文本內容將營隊主題適時地呈現出其閱讀意義與生活價值，並在營隊服務期間，將所學化為帶著走的能力，類比學生能理解的符號象徵與意義為讓學員體會課堂教授的內容。 U-B2：學生能運用本校資訊融入教學「帶著I pad去旅行」閱讀計畫，將營隊課程、線上互動教材、學員花絮、成果影片進行上傳與連結，協助學員或團員運行課程檢討與線上分享。 U-B3：學生具體根據營隊主題與閱讀文本之間的關係，設計出營隊手課、課程講義、課程海報、學員名牌等營隊與課程設計中，闡發其對藝術、閱讀的雙關意涵。

核心素養	核心素養具體內涵	自我教案檢視
C1道德實踐與公民意識 C2人際關係與團隊合作 C3多元文化與國際理解	U-C1具備對道德課題與公共議題的思考與對話素養，培養良好品德、公民意識與社會責任，主動參與環境保育與社會公益活動。 U-C2發展適切的人際互動關係，並展現包容異己、溝通協調及團隊合作的精神與行動。 U-C3在堅定自我文化價值的同時，又能尊重欣賞多元文化，拓展國際化視野，並主動關心全球議題或國際情勢，具備國際移動力。	U-C1：①學生能透過「山與海的賦格曲」系列作品選讀，感知臺灣多元族群的歷史文化背景、社會氛圍，對自身環境與所處社會進行更多的對比與思辨的可能。②學生能夠過「TED講堂」了解臺灣素人對臺灣進行改造與發聲，無論是為小農、街友、醫療、教科書等發想與實現的歷程，都是學生進行楷模學習的對象，從中可以培養學生自身品德與公民意識。③學生能在「廣播實習生」中，說出自己與自然寫作作家之間，因文本閱讀的內在互動，進而對學校、社區、社會，進行參與實踐的歷程，並看見閱讀課程對自身公共議題與參與度上的影響。 U-C2：學生能在實際的營隊中，即時與同學、老師、學員進行良好的互動與溝通，並尊重團隊紀律：愛、服務、尊重，用青春閱讀為營隊所有人服務。 U-C3：學生能了解閱讀文本與生活情境中如何透過營隊課程，以「案例解決」、「多元實作」以經典與現代，跨文本、跨領域建立學員的多元思考模式與全球國際觀，在比較閱讀文本選擇上，了解東方文學作家與西方文學作家，對教育、社會、自我實現，都有不同的闡釋，並在課程設計東西社會與文化的文本參照，讓學生具備國際移動力的素養。

課程編撰者基本資料表	
課程單元名稱	「去」GO閱讀，越讀「趣」FUN
教師姓名	宋怡慧
中文摘要	

一、設計理念：

　1.發展課程的想法：

　　閱讀的樂趣在於透過多元文本的爬梳，理解過去陌生的時空，反省思辨現在，進行最好的抉擇，甚至能讓我們照見未來的人生之路，做最好的人生規劃。

　　本教案以三個層次來進行課程設計（如圖3-2）：

　　⑴自主行動：從大量且有系統的閱讀，來提升自主閱讀的能力培養。因此，以閱讀的意義、閱讀的樂趣、選書策略到設計自己的閱讀書單，讓學生體會閱讀做中學的樂趣，課間搭配提問設計進行思辨教學，讓學生從情境模擬題，設身處地、揣摩忖度文本人物角色行為，讓學生從閱讀作家作品到成為感受作家的忠實讀者，成為閱讀自主的終身學習者。

　　⑵溝通互動：以類管理學「案例研究」的形式，進行論述式的對話教學，提供青少年思辨的橋梁，再設計TED講堂、閱讀說書人、廣播實習生，三種閱讀溝通互動的實作課程，進行團隊小組合作，讓口語表達素養上的提升，進而達到人際溝通、同儕互動的能力。

　　⑶社會參與：落實閱讀帶著走，書香遍校園的願景，需從在地五感寫作到偏鄉閱讀服務的能力培養，讓知識成為幫人、助人，符應生活情境、解決問題的能力，也讓學生透過閱讀課程所學的知能，成為社會參與的素養，達到以閱讀輸入，服務學習輸出，兩者輸入與輸出的緊密結合的效能。

　　因此，閱讀是流動的閱讀，生活的閱讀，知性的閱讀，感性的閱讀，藉由「『去』GO閱讀，越讀『趣』FUN」閱讀課程，讓學生以文本為鑑，達到學生情意的培養，讓課程有機會加值與加權孩子的實際生活，最後成為有閱讀書寫意識的讀者。如何透過學習閱讀，進而閱讀學習，讓閱讀對我們的人生有用？在世道價值混亂、徬徨不安的巨變年代，一堂動靜具備、人文知性皆有的閱讀課程，將帶給學生一個嶄新的人生視野，成為未來自動、互動、共好世代真正有實力的接班人。

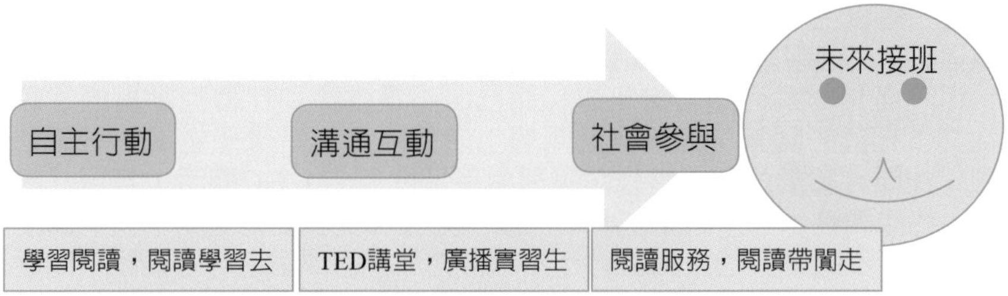

圖3-2　去閱讀，越讀趣──課程發展圖

2.與計畫整體目標的配合

　　本課程以多元彈性、適性揚才為整體目標，讓學生成為終身學習的世界公民。因此，課程以素養導向的教學就是要讓所學能落實於現實生活情境，讓教學以學生為主體，在教學上進行改變。

　　從帶領學生分組學習閱讀理解課程、認識文類、選書策略為始，到口說表達能力的知能培養為進階，最後，由校園五感圖文詩文創作到閱讀翻轉部落：閱讀流動的種種可能為終，讓學生明白：閱讀絕對不是無用的能力，而是文本的知識智慧，找到活用、運用於自己的人生或生活的策略，最後達到用閱讀翻轉世道風氣，淑世助人的閱讀終極理想。

3.課程實施辦法

　　本課程的實施從學習閱讀到閱讀學習，有系統地在聽說讀寫上與閱讀素養扣合，不論是多元的創作發表與小組合作學習，都已整合知識、技能與態度三者合一為主，課程設計以情境化、脈絡化的學習為主體，進行學生學習歷程、教學方法及策略兩者的連結，讓學生實踐閱讀培養自身的關鍵能力，達到閱讀實踐性的行為表現。最後，能以偏鄉服務課程，落實閱讀翻轉社區的目標，計畫將學生們的學習成果配合優質化高中計畫或民間企業相關的資源，把閱讀帶入自身心靈、校園、社區、偏鄉，甚至未來的人生，展現閱讀所有的可能性。

　　讓學生不只聽書，也說書，讓孩子不僅看書，也創作書，用閱讀找回自己的故事，找回自己家族的故事，找回家鄉的地景故事，甚至把閱讀帶入偏鄉部落。我們創作一個獨一無二的文學地景，分享與眾不同的閱讀想像，沉澱閱讀的純美，呈現「『去』GO閱讀，越讀『趣』FUN」課程永續延伸，創造閱讀無限可能的精神。

二、課程特色（如圖3-3）

　　由於本課程是以閱讀課程與校園寫作、實地服務學習為主，課堂內的教學課程將以教導學生完成三大閱讀能力的培養為主，達到基礎的閱讀素養，進而擁有聽說讀寫的進階能力，最後以書寫與服務學習為目標，落實閱讀自

主學習、落實生活情境的閱讀，自助助人的閱讀輸出。每個系列的課堂教材與課程設計都環環相扣，以素養為導向來幫助學生培養終身閱讀的能力。

　　這不僅是一系列閱讀書寫課程而已，更是想達到社會互動指標，讓學生從文本知識的閱讀，跨界到活用與生活的閱讀，是讓學生從教室移動到校園、社區、部落的實體課程，讓學生了解「『去』GO閱讀，越讀『趣』FUN」的重要性。除了讓學生學習閱讀的方法，更重要的是讓學生以閱讀為核心，將文本閱讀與地景閱讀的元素，帶入美麗的課室。透過觀察與關懷來親身體悟關切閱讀的真正意義，挖掘在地的聲音，書寫校園的故事，閱讀社區的風光。

　　最後，以行旅的方式，品讀生活中的晨曦星空、小街小弄；觀察古厝殘壁、老事老物；置身小橋流水、大山大海，用眼、用耳、用鼻、用心、用手，感知閱讀的萬種風情，讓學生理解閱讀不僅可以安頓自己，也可以改變他人，甚至翻轉未來。閱讀讓學生發揮潛能、找到天賦，變成有想像力、創造力、思辨力、感知力、美感力的人才，閱讀課程能適時引導與協助孩子，走進閱讀千變萬化的世界，找到能力與素養對抗3C產品的誘惑，在眾聲喧譁的世界中，找到一個寧靜閱讀的靈魂、傳染閱讀的熱情，成為一個真正的閱讀實踐者。

圖3-3　去閱讀，越讀趣──課程三大特色圖

三、教學效果
　1.學生素養
　　　擬定「『去』GO閱讀，越讀『趣』FUN」的設計理念、教學目標、教學內容之後，教學流程與教學方法就要扣緊「自主閱讀」、「互動悅讀」與「共好越讀」三大素養為核心，進行以學生為主體的教學歷程，規劃課程的教材與教案。在情意薰陶與實踐能力方面，以閱讀地景文學為核心，在知性分析與邏輯歸納資料方面，以跨科實作學習、專題演講與案例思辨等教學法，引導學生了解與閱讀相關的議題，並帶領學生將課程學習歷程利用具備獨立製作專FB或微電影記錄下來，進行反思與檢討。

最後，以偏鄉閱讀服務的行動實踐，配合學生「『去』GO閱讀，越讀『趣』FUN」學習課程每周心得回饋表、課程期中反思紀錄表與跨領域協同教學，進行閱讀課程微幅的滾動式，集合社區、民間資源進行課程人力多元支援。最後再結合閱讀偏鄉服務的執行，達到閱讀帶著走，書香遍校園的實踐行動力。

2. 學習成效

　　經過一學期按部就班地執行閱讀計畫，學生對於閱讀的認識，閱讀能力的培養，逐漸從課室走到校園，最後走出社區或部落，從簡單的複製知識到運用知識，呆板的理解閱讀到生活處處有閱讀。不做紙筆測驗或作業的繳交，還是能將閱讀運用於生活、思辨於情境、以閱傳愛、以讀傳情，進而具體實踐閱讀，內化為自身學習素養。從閱讀理解到文本解讀、從小組討論到廣播實境演練、從五感書寫到閱讀服務的實踐，讓閱讀成為生命的彷彿若有光。當升學壓力讓學生望不見知識的美好之際，閱讀彷彿激盪靈思，鬆綁壓力的活水，透過閱讀課程的引導，讓孩子學會閱讀的基本功，也試著開始建構自己閱讀的系譜，有溫度的閱讀讓學生自動與人聊書、說書、分享書，這是多麼美好的課室風景。

　　如何讓學生自然而然地閱讀，有能力閱讀，把閱讀帶入生活，這著實是需要老師用心規劃與巧心的設計！最開心的是，學生們在課程中逐漸能領略閱讀的力量與閱讀服務的價值，也投入己身力量為閱讀發聲，以閱讀服務作為學習成果的展現，更是學生閱讀學習歷程最美麗的句點了。

四、省思感想

　　季節依然遞嬗，閱讀讓我們成為作家最忠實的信徒或是質疑者，不管相信或懷疑，閱讀就是智慧活水流淌於歲月，讓惆悵遠颺，荒漠必成綠洲，人與人的情感因閱讀緊緊相繫。這學期的閱讀課程讓我明白：往前走就會看到七色鳥的幸運。有時，師生在文本交會，一剎那靈犀乍動的光亮，遇見閱讀的幸福。

　　藉由閱讀，讓學生慢慢地靠近閱讀，認識閱讀；從認識閱讀到理解閱讀；從理解閱讀到喜歡閱讀；從喜歡閱讀到實踐閱讀，這就是閱讀課程自主、互動、共好的展現。閱讀課程以十二年國教課綱的精神為主軸，服務學習的社會參與微檢核學生閱讀素養的另類形式，一種企圖與堅持。那麼，無論時代如何變遷，空間如何劇變，閱讀成就屬於自己青春歲月的那方蔚藍，澄澈單純。

　　「去」GO閱讀，越讀「趣」FUN的學習目標（如圖3-4）：

1. 建立閱讀學習歷程檔案：建立高中三年閱讀清單，逐一完成與檢核。
2. 提升學生閱讀素養：完成圖書館闖關課程、說書人、TED講堂、廣播實習生三選一。
3. 培植學生文策力與社企力：製作營隊課程手冊、掃描環境優劣勢，進行學習營隊行銷包裝課程。

4. 落實社會參與實踐力：自由選擇「閱讀翻轉社區：閱讀流動的N種可能」閱讀服務系列活動，從業界行動書車及社區圖書館服務到寒暑假營隊等，落實學生參與社會的行動力與實踐力。
5. 落實閱讀帶著走，終身閱讀的素養：從愛讀校園到悅讀社區，從悅讀社區到越讀社會。

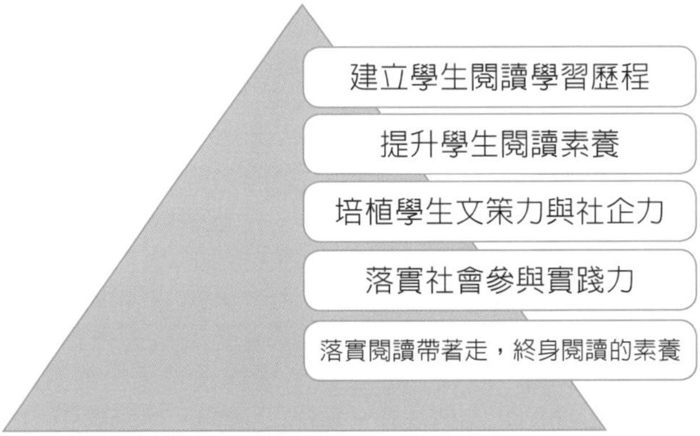

建立學生閱讀學習歷程

提升學生閱讀素養

培植學生文策力與社企力

落實社會參與實踐力

落實閱讀帶著走，終身閱讀的素養

圖3-4　去閱讀，越讀趣——學習目標圖

五、教學設計與內容

(一)課程名稱：「去」GO閱讀，越讀「趣」FUN
(二)教學時間：每次二小時（可視需求，彈性調整）
(三)學生對象：丹鳳高中學生高一下學期
(四)教學時間：一學期，十八週
(五)教材來源：跨科自編教材
(六)教材設計：宋怡慧老師
(七)學生先備知識分析：波蘭導演——奇士勞斯基（Krzysztof Kieślowski）曾經說過：「人在某一時間、某種機遇下的抉擇，將改變他的一生。」學生基本上只要能認同「學習閱讀、閱讀學習」的理念，也擁有「服務關懷」的概念，就能選修閱讀課程進行學習與實作。
(八)學生學習能力分析：從100年以來，本校偏鄉閱讀服務社團——愛讀社（I DO社），歷經誠品文化藝術基金會、博客來、親子天下團隊等閱讀團體的協助與支持，進行多次交流對話與實質合作經驗，已經累積六年閱讀偏鄉的經驗。選修本課程的學生需對閱讀課程有基本的習慣與喜愛，對社會服務具備覺察式的熱忱。

(九)課程目標（如圖3-5）

1.理念秉持「以閱傳愛，以讀溫情」的理念，培養學生閱讀服務的能力。

自主——以閱讀為軸心，與作家進行有系統且多元的內在對話，將閱讀利用於生活情境，照鑑未來。

互動——透過閱讀書寫、閱讀服務的真實行動，關懷在地人情，有效開展人際關係、多元文化的交流。

共好——閱讀母土溫度，服務家鄉達到共好，透過走讀、書寫，結合平板攝影、圖像、音樂等能力，創作當地的文學地景，服務當地的人情文化。

2.目標

讓我們共同喜歡、體驗、分享閱讀的美好，培植願意閱讀、服務的未來接班人。

圖3-5　去閱讀，越讀趣——課程目標圖

(十)教學方式（如圖3-6）

融合靜態文本教學、動態課程成果實作、實際走讀，進行五感寫作訓練、自我探索，進行營隊分組分工。

圖3-6　去閱讀，越讀趣——教學方式圖

(土)評量方式

　　資料收集、參與討論、課堂問答、回家作業、個人報告、分組報告……本課程的多元評量，依據課程進行的三大層次，以個人、小組、團體動靜態評量同時進行，再輔以分組討論、走讀書寫，最後營隊服務三種類型的多元評量成果。

1. 個人評量

　(1)列出個人閱讀清單：從大量閱讀、喜歡閱讀、理解閱讀、跨界閱讀，四種方式建立與時俱進的個人書單。

　(2)五感書寫：針對校園的地景，進行五感圖文詩文的創作（我在丹鳳，天氣晴）。

2. 團體評量

　(1)分組討論：類PISA三層次提問、TED十八分鐘三階段的表達、在地書寫：文策力與社企力。

　(2)行動走讀X五感行動：

　　①北投歷史、文學、建築美學走讀（搭配北投琉穴記）。

　　②行動學習，用I pad記錄走讀所見所聞，用照片與文字寫在地故事。

　　③閱讀作家的內在世界與文本實地探查，用行動載具完成學習任務。

3. 閱讀服務營隊

　於學期末，針對新北市偏鄉國中，進行閱讀服務課程的成果，分別為：

　(1)「偉大航道的初探——開幕」、「要找寶藏，先識大咖——各股介紹、隊輔介紹、值星默契」、「海賊結盟——小隊時間單元」——活動股與生活股課程實作展示。

　(2)「課程一：為愛朗讀」、「課程二：我是說書人」、「課程三：拼貼美麗的閱讀故事」、「課程四：書寫靈感的吉光片羽」、「課程五：當詩文遇上文創」——課程股、美宣股展示與實作。

　(3)地景走讀、闖關活動「整裝待發，宣達闖關密令」、「出航，前進桃花源」、「重整旗鼓，凱旋返鄉」——隊輔股與生活股的實作展示。

(士)課程發展架構

1. 課程內容

　搭配閱讀服務課程，安排文本閱讀：

　(1)《讀古文撞到鄉民》（祁立峰／聯經出版）

　(2)《地表最強國文課本》（陳茻／逗點文創）

　(3)《不懂帶團隊，那就大家一起死》（石田淳／如果出版社）

　(4)《沒經驗，是你最大優勢》（蔣雅淇／商周出版）

　(5)《旅行私想》（蔡穎卿／天下文化）

　(6)《沒有大學文憑的日子，我說故事》（王文靜／商業周刊）

⑺《恆毅力：人生成功的究極能力》（安琪拉‧達克沃斯／天下雜誌）
⑻《臺灣沒說你不知道》（每日一冷／尖端）
⑼《TED TALKS 說話的力量》（克里斯‧安德森／大塊文化）
⑽《搞定！工作效率大師教你》（大衛‧艾倫／商業周刊）
2.課程設計表

週次	課程名稱	課程內容
第一、二週	今天，你閱讀了嗎？	認識閱讀的意義、大量閱讀的意義（搭配圖書館闖關活動，認識圖書館十大分類，閱讀不偏食）。
第三、四週	你，到底懂不懂「閱讀」？	閱讀理解策略、心智圖、魚骨圖。
第五、六週	從大閱讀到大說書人	口語表達的技巧、TED十八分鐘的魔力、TEDxtaipei素養開講（以火星爺爺為例）。
第七週	現代說書人：推銷我的生命之書	「說書」實作課，票選第一名的小組參加中廣媒《事來哈啦》說書單元，實境說書。
第八週	大師開講：陸育克《輕鬆成為說故事達人》	結合民間資源談閱讀文本與說故事技巧的關係。
第九週	年輕人一定要學的文策力與社企力	營隊包裝、社區環境掃描與判讀（找出優劣勢、機會與威脅）。
第十週進行期中課程反思與檢討（課程微調、滾動修正）		
第十一、十二週	五感寫作法：校園走讀基礎篇	配合丹鳳藝文月，進行作品靜態展示布展。
第十三、十四週	五感寫作法：社區走讀進階篇	配合行動學習課程，進行動走讀，觀察、實作、雲端分享（以北投地景為主）。

第十五週	作品發表與分享：如何設計融入社區地景的閱讀課程（以樂生療養院為例）	邀請校內教師進行評選與指導。
第十六週	大師開講：朱冠臻《人生百味》	年輕人如何結合社區資源改造遊民生活。
第十七週	偏鄉服務隊主題規劃：分組進行五大組分工	1. 說明與新北市立雙溪高中國中部合作之目標與課程設計。 2. 討論說明營隊課程與活動時間及RPG、課程、闖關活動進行方式與分組。
第十八週	偏鄉服務隊營隊「微」成果發表	以分組形式，帶領學生一起勇闖閱讀美麗島： (1)設計闖關活動：CSI犯罪現場推理。 (2)PLAY書不累，手工書製作。 (3)新詩創作魔法拼貼演。 (4)詩歌傳情：音樂舞蹈戲劇的饗宴等方式展演。

寒、暑假偏鄉服務隊：進行三天兩夜之偏鄉閱讀營隊與在地生活心體驗。

(三)教學模組

主題	教學模組	內容	作業	對象
去閱讀，越讀趣	澄清閱讀、認識閱讀（第1～4週）8hr	1. 認識閱讀的意義與樂趣。 2. 認識閱讀理解策略。 3. 理解閱讀與自我內在的對話。 4. 認識臺灣特色書店與圖書館。	1. 自編教材「閱讀偏食了沒」？ 2. 完成任選文本的心智圖分享。 3. 從特色書店或圖書館進行買書或借書（為自己閱讀）。	高一至高三，均可

去閱讀，越讀趣	從大閱讀到說書人的學習歷程（第5～9週）10hr	1.文本閱讀與實作運用——文本分析、比較閱讀的深究與鑑賞。 2.現代說書人：模擬TED講堂，推銷我的生命之書。 3.大師開講：陸育克《輕鬆成為說故事達人》。 4.年輕人一定要學的文策力與社企力（用愛與服務，翻轉閱讀的力量）。	1.課堂提問、課堂學生「微」分享。 2.自編教材學習單的書寫。 3.大師開講學習單的撰寫。 4.分組討論社會公共議題（樂生療養院）。 5.實際到《媒事來哈啦》，進行說書人實境分享，推廣高中生閱讀。	高一至高三，均可
	師生對話、課程好不好「玩」（第10週）2hr	1.學生進行九週閱讀課程之學習歷程分享（含靜動態兩大部分）。 2.傾聽學生需求，進行服務學校合作事宜的前置作業與協調工作。 3.啓動有任務的閱讀。	1.學生自我對話進行任務分組。 2.選擇組員，進行小組增能。 3.期中閱讀課程省思作業單。	
	閱讀帶著走的能力（第11週～第16週）12hr	1.五感寫作法：校園走讀基礎篇。 2.五感寫作法：社區走讀進階篇。 3.作品發表與分享：如何設計融入社區地景閱讀課程。 4.大師開講：朱冠臻《人生百味》。	1.配合校內藝文月，進行自己圖文作品之靜態展示與布展。 2.配合優質化高中行動學習課程，進行自然地景走讀，學習成果以雲端形式呈現（以北投地景為主）。	

			3.邀請校內教師進行走讀課程發表評選與實作指導（以樂生療養院為例）。4.大師開講學習單的撰寫。	
去閱讀，越讀趣	落實社會參與實踐力（第17週～第18週）4hr	1.偏鄉服務隊主題規劃：分組進行五大組分工。2.偏鄉服務隊營隊「微」成果發表。	1.營隊分工與分組：擬定營隊主題（如航向小小的島，尋找新詩的寶藏——海賊與愁予的「貢」鳴）。2.依照學生潛能與興趣分為：課程股、活動股、隊輔股、美宣股、生活股（含值星訓練）。3.閱讀素養的自我評核：出團前的準備工作、細流彩排、「微」成果發表等。	高一至高三，均可
	寒、暑假偏鄉服務隊：進行三天兩夜之偏鄉閱讀營隊與在地生活心體驗			

㈤教材呈現

　　教案設計以學生多元選修的選修課程為主，從老師授課引導文本閱讀，提出文本核心議題，進行案例思辨，融入生活情境。藉由學生分組討論分享，最後由老師進行補充與結語，充實學生閱讀文本的能力與思辨基礎的底蘊。以移動教室的概念，師生走出課室，進行校園五感寫作教學，配合校園藝文月之圖像詩文靜態展，進行布展與作品分享。另外，設計行動學習課程，進行古今文本對照、社區走讀，透過I PAD進行立即性創作，激盪創意，進行闖關實作，為實際出團後，RPG課程進行準備，最後以成發彩排的形式，進行期末多元評量的動態展演。理解閱讀，融入在地元素，輔以行動載具，落實閱讀帶著走，營造書香社會的景理想。（如圖3-7）

```
┌────┐ ┌────┐ ┌─────┐ ┌─────┐ ┌─────┐ ┌────┐
│樂生療│ │新莊 │ │星巴克 │ │誠品文 │ │博客來 │ │丹鳳 │
│養院 │ │老街 │ │咖啡連 │ │化藝術 │ │網路書 │ │社區 │
│    │ │    │ │鎖店  │ │基金會 │ │店   │ │    │
└────┘ └────┘ └─────┘ └─────┘ └─────┘ └────┘
```

圖3-7　去閱讀，越讀趣——民間、業界合作圖

(生)教案設計（學期）（如圖3-8、表3-1）

1. 文本閱讀

前期文本導讀奠定學生對各式文本的認識與理解。藉由老師上課豐富多元的文本領讀、鑑賞，引導學生有系統、有目標地建構自己的閱讀系譜，同時，強化學生轉化閱讀為符應生活情境的案例實作，輔以聽說讀寫多元化的課堂評量，兼顧學習、思考、表達的訓練，讓學生從文本找到解決問題或設計活動或課程的靈感。

2. 大師開講與實作課程

以兩次大師開講的專業培訓模式，每次課後實作課程，增強學生口語表達、文策力與社企力的能力。不論是說故事的基本技巧、活動的規劃與分工訓練、團康活動能力與文本結合的雙贏效果，皆由師生共同完成，偏重學生自主學習、小組合作、團隊精進。

3. 五感書寫與行動走讀的碰撞

善用觀察法、聯想力、想像力，發揮五感書寫的核心價值，透過實地走讀，善用行動載具隨手拍照記錄，讓科技結合文創，立即實地產出五感×走讀作品。（如表3-2）

4. 閱讀深耕，服務傳情

透過閱讀營隊的出團，深化學生文本實作的能力，在偏鄉閱讀推廣上，因多元課程的設計，落實學生閱讀移動力與實踐的提升。

文本閱讀	大師培訓	五感與走讀	閱讀深耕
1.大量閱讀 2.生活閱讀	1.口語表達 2.文策力 3.社企力	1.實地走讀 2.行動學習	1.服務學習 2.行動力 3.實踐力

圖3-8　去閱讀，越讀趣——教材設計四階段圖

表3-1 「去」GO閱讀，越讀「趣」FUN課程教學規劃

週次	主題／進度	內容與教材說明（教師自編教材）	執行方法	教學目標
1	傳染「讀」癮：閱讀是什麼？	1.認識閱讀：閱讀即生活，閱讀無所不在。 (1)文字歌詞、書訊、菜單、規格表、說明書、標籤 (2)非文字：地圖、符號、色彩、影像、聲音 2.閱讀的好處： (1)分享閱讀 (2)培養學習熱情 (3)閱讀素養與專注力 (4)閱讀素養與同理心 (5)閱讀經典與演繹古人的智慧 (6)經典活用，閱讀帶著走的能力	1.資訊融入教學：（名人談閱讀，以方文山為例）。 2.分組討論：閱讀是什麼？ 3.案例思辨：站在巨人的肩膀上，做出最好的決定。	1.認知：了解閱讀的意義。 2.技能：運用文本內容，活用日常生活，解決自身問題。 3.情意：經典活用，從閱讀找到前人智慧，感知作家與文本情韻。
2	選書策略（從基礎、進階、實用）	1.選書與閱讀分級：為自己選出的一本生命之書 2.教會孩子選書的原則 3.善用閱讀策略： (1)閱讀偏食自我檢核表 (2)一年閱讀量與質的歸納 4.圖書館十大分類法	1.自主學習 2.拼圖式分組 3.學思達、PISA提問法 4.閱讀九宮格	1.認知：學會選書的策略。 2.技能：能擁有替自己選書的能力；培養自己進行跨文類、大量閱讀的能力。 3.情意：感知自己喜愛作家的創作情意流轉與觸發。

3	閱讀理解基礎篇	1.如何閱讀一本書 2.做摘要的簡單口訣：5W2H（誰、什麼、如何、多少、為何、何時、哪裡），將重點畫出，幫助自己釐清一篇文章的重點。 3.分組實作進行文章重點分享與閱讀策略之運用。	1.教師引導＆自主學習 2.小組合作討論與共學 3.提問與發表（MAPS翻轉教學法）	1.認知：了解閱讀一本書的基礎策略。 2.技能：能從閱讀文本到完成重點摘要、做筆記的策略。 3.情意：能欣賞同學分享重點摘要與運用策略之情意分享。
4	閱讀理解進階篇	1.介紹做筆記的策略：畫線法、表格、結構圖、魚骨圖、心智圖等，進行多元、圖像思考。 「曼陀羅」式筆記法與實作。 2.閱讀理解策略＆好書導讀： (1)為什麼聰明人都用方格筆記本。 (2)五位臺大生教你這樣做筆記。 (3)給中學生的筆記整理術：一輩子都需要的資料統整力，現在開始學習。 (4)法式翻轉教養：拯救無數法國媽媽、孩子和老師的「全腦心智圖」學習法。 3.心智圖式筆記法之實作：學生實作筆記作品展示	1.教師引導＆自主學習 2.小組合作討論與共學 3.提問與發表（MAPS圖像教學法）	1.認知：學習閱讀進階策略的知識與方法。 2.技能：活用閱讀策略於文本，學會繪製心智圖的能力。 3.情意：能欣賞同學分享筆記作品與運用閱讀進階策略之情意分享。

5	文本閱讀與實作運用	1.文本分析、比較閱讀的深究與鑑賞。 2.培養班級說書人小撇步： 　(1)搭配古典小說課程，如劉姥姥、虯髯客等選文辦理。 　(2)請學生以三分鐘為限，輔以簡報、戲劇、說唱藝術等說書方式，進行說書實作。	1.採各小組推派一人進行說書發表。 2.全班同學採「不記名」方式投票，選出最佳說書人三名。	1.認知：學習文本閱讀與說書策略的知識與方法。 2.技能：活用說書策略於文本，學會說書的基本能力。 3.情意：能欣賞同學說書傳達文本情意。
6	現代說書人：	1.利用TED脆弱的力量＆柯文哲的影片與事例引起學生說故事的動機與興趣。 2.指導學生說話技巧：從聊書到說書人（提問教學）。 3.TED講者成功演說的9大祕訣： 祕訣1：釋放內在大師 祕訣2：掌握說故事技巧 祕訣3：展開對話 祕訣4：提供新知 祕訣5：設計令人驚喜的橋段 祕訣6：放輕鬆 祕訣7：嚴守18分鐘原則 祕訣8：運用多重感官體驗 祕訣9：走自己的路	1.四人為一組分組合作，以聽說讀寫四大能力進行分組。	1.認知：認識素人開講TED三段式說話的魔力。 2.技能：善用提問教學，指導學生學會說話技巧活。 3.情意：欣賞同學運用TED講者成功演說的9大祕訣的基本能力，傳達文本情意。

7	模擬TED講堂：推銷我的生命之書	說書人講堂：學生展演	小組依不同能力分組，截長補短，角色互位，模擬TED素人開講。	模擬TEDXTAI-PEI素人開講的形式，進行生命之書的實作分享。
8	大師開講：陸育克《輕鬆成為說故事達人》	說書人講堂：教師示範	1.楷模學習 2.演講摘要九宮格 3.提問互動式教學	1.認知：以做中學的方式，與大師模擬說故事的技巧。 2.技能：能找出說書的技巧，運用在自身說書的技巧。 3.情感：感受說書人面對臨場觀眾，該有的情意流轉與互動。
9	年輕人一定要學的文策力與社企力（用愛與服務，翻轉閱讀的力量）	1.運用文策力與社企力的文本導讀，進行社會與生活情境的觀察。 2.透過分組活動，設計「蛻變創思，老建築」的文案，進行作品分享。 3.以社區為例，樂生療養與捷運搬遷的議題，加入公民環境意識，社會參與元素的案例討論。	1.自主學習 2.拼圖式分組 3.學思達、PISA提問法 4.文案設計	1.認知：透過樂生療養院與捷運興建議題，感知社會關懷弱勢族群的聲音。 2.技能：能設計出「蛻變創思，老建築」的文案，進行小組分享。

				3.情感：關心生活議題，強化自己的公民意識，願意實踐投入社會參與的情感。
10	師生對話，課程好不好「玩」	1.學生進行閱讀課程學習歷程的分享。 2.成果分靜、動態兩大部分進行。 3.進行服務學校合作事宜的前置作業與協調工作。	啓動學生有任務的閱讀與分組	透過期中閱讀課成學習歷程分享與對話，把學習權還給學生，讓服務學習營隊的主題更聚焦。
11	遊戲闖關課程：小說文本為主	1.以小組為單位，由組長帶隊員依序闖關，關卡由教師團隊組成，設計勇闖小說魔法森林闖關活動。 2.設計的關卡規劃有： ⑴推理現場ＡＢ組：誰是凶手 ⑵小說主角換你演ＡＢ組：我的少「男」時代、那些年，我們一起追的「男孩」 ⑶小說劇情接龍ＡＢ組：改寫「蘋果的滋味」結局 ⑷小說傳情ＡＢ組：猜猜我是誰 ⑸小說的故鄉書寫：鍾理和《原鄉人》	四人一組合作，以ＡＢ組對照，進行闖關	1.認知：讓學生明白營隊行銷包裝與闖關課程的結合。 2.技能：闖關活動與小說情節結合，讓學生活用所學，能演出令人感動的橋段。 3.情感：讓學生「互位角色」，體會服務學習與閱讀分享的快樂。

12	「閱讀新世界」旅行的溫度—愛的行旅五部曲	1. 從文本出發，透過比較閱讀的概念，尋找創作元素、寫作素材。 2. 透過課堂遊戲式的提問教學，增加閱讀課的遊戲化與生活化的特色。 3. 延伸閱讀與masker的實作：以閱讀為主題，推薦適合高一學生閱讀書籍，並以旅行手札作為課後評量的作業與能力指標的檢核。	1. 自主學習 2. 拼圖式分組 3. 五感教學法 4. 圖文創作 5. 學思達&PISA提問法	1. 認知：認識五感寫作法與校園地景結合的意義。 2. 技能：能從校園中找到最美麗且適合創作的風景，進行圖像與詩文結合的能力。 3. 情意：能觀察校園地景，也能珍視自身環境，找到為它書寫的情感。
13	五感寫作法：校園走讀基礎篇	1. 帶領學生進行校園導覽，運用五感寫作法拍攝屬於校園獨一無二的文學地景作品，輔以兼具新詩意象的圖像詩文創作，打造獨一無二的校園印象，產出校園文創品。 2. 以校園走讀、說書培訓、社區閱讀、文化改造等議題，透過校園走讀靜態展，改變校園閱讀氛圍，帶起學生閱讀力。結合藝文教師協助進行校園藝術角布展，也透過作品解說與分享，達到閱讀推廣的效果。		

14	五感寫作法：社區走讀進階篇	1.釐清走讀的意義：可以和旅行的意義做比較，讓學生從地景、人文、人情等部分進行觀察。 2.利用五感法來描述走讀的旅圖：從視覺、聽覺、嗅覺、味覺、觸覺來書寫走讀的心情與觀察。 3.配合行動學習課程，進行動走讀，觀察、實作、雲端分享（以北投地景為主）。	1.自主學習 2.拼圖式分組 3.數位行動教學 4.實地踏查 5.學思達&PISA提問法	1.認知：透過行旅認識在地文化、文學、社會議題等。 2.技能：從文本出走，移動到北投，融入個人生活經驗與美感，完成學習單的書寫與創作。 3.情意：體認文學與自然、文學與社會、文學與自我的一體性，也有意識地展開有任務的旅行。
15	五感寫作法：社區走讀進階篇	1.走讀大哉問：列舉十個與地景走讀相關的問題，讓學生從走讀中去找答案，並上傳至學習平臺作品區。 以地熱谷為例，地熱谷最美麗的表情是？ 找一首小詩，把你從尋訪北投硫穴記的古道，沿途望見滾泉、硫穴的感覺描繪出來。 2.走讀生活的三大任務，並讓孩子在時限內完成：		

		老師需找三個任務導向的實作問題，讓孩子去找到遊客或當地人幫助他完成任務。 例如，製作一張北投古道的走讀任務看板：我是走讀背包客，我正在走讀旅行，請你／妳，幫我一個忙好嗎？ 任務一：可以用一首歌形容今昔不同風貌的北投嗎？ 任務二：你願意替我拍一張照片，並與我分享取景的原因嗎？ 任務三：可以分享一下你到北投旅行的原因嗎？		
16	大師開講：朱冠臻《人生百味》	說書人講堂：教師示範	1.楷模學習 2.演講摘要九宮格 3.提問互動式教學	1.認知：以做中學的方式，與大師模擬說故事的技巧。 2.技能：能找出說書的技巧，運用在自身說書的技巧。 3.情感：感受說書人面對臨場觀眾，該有的情意流轉與互動。

| 17 | 偏鄉服務隊主題規劃與責任分組 | 1. 主題規劃與分組、分工：確定服務時間、地點、對象、兩校合作意向書、民間閱讀資源協助。
2. 進行服務地點之場勘與細流擬定：
　(1) 準備開場、介紹嘉賓、介紹節目流程、開場舞蹈炒熱氣氛、開場戲劇帶入營隊主題。
　(2) 彩排RPG闖關、早課程股課程講義與五大營隊閱讀課程試教（聽說讀寫為核心）
　(3) 值星宣誓、閉幕戲彩排、閉幕頒獎流程、值星破冰彩排 | 每八人為一個大組，依據個人興趣與潛能進行的分工，進行四組的工作任務分配與工作甘特圖的擬定（營隊有營長、副營長、值星外，分為A、B課程股、活動股、隊輔股、美宣場器股） | 透過實際參與主題規劃與責任分工，發揮所學、激發潛能，找到自己服務學習的舞臺，並能在營隊中完成自身工作，服務關懷偏鄉，為母土做出有意義的閱讀服務工作。 |
| 18 | 偏鄉服務隊營隊「微」成果發表 | 以分組形式，帶領學生一起勇闖閱讀美麗島：
　(1) 設計闖關活動：CSI犯罪現場推理。
　(2) PLAY書不累，手工書製作。
　(3) 新詩創作魔法拼貼演。
　(4) 詩歌傳情：音樂、舞蹈、戲劇饗宴等方式進行展演。 | | |

表3-2　文學走讀背包客→走讀篇目

書名	文章標題	頁數
通往花蓮的祕徑	友善小店家、想像的風景、不開車的漫遊、海岸樂玩、秋訪稻香浪花、市場好滋味	P16~P27
	逛逛慢城小店家	P30~P49
	文學的理想漫遊	P64~P75
	鄉愁食物戀	P166~P186
裡臺灣	不一樣的太魯閣	P62~P75
	七星潭的太平洋	P214~P219
山風海雨	接近了秀姑巒	P21~P46
飛魚百合	每個生命都在航行途中	P21~P56
	你不在的時候，我在城市裡漂流	P161~P172
臺11線藍色太平洋	海岸行腳	P11~P16
	石梯港、延繩釣、礁石上、流刺網──底刺網、海灘夜奔、鏢刺漁業、抓魚抓過來、定置漁場、港口部落、海岸戰爭、秀姑巒溪、海岸行旅、海岸心情、阿美客運、走不完的海灘路	P118~P141
11元的鐵道旅行	高中女生的旅行	P56~P65
	失去和平的山谷	P108~P117
陳黎情趣散文集	麻糬	P27
	母語	P146~P148
	豐田筆記	P248~P252

陳黎散文選	波特萊爾街	P71~P73
	想像花蓮	P237~P246
家離水邊那麼近	家離溪邊那麼近 —— 我以為自己到了很遠的地方	P16~P24
腳跡船痕	七星潭	P128~P139
	夜生活	P254~P257
	賞鯨	P258~P268
	腳跡船痕	P269~P301
地上歲月	地上歲月	P21~P36
	在山谷之間	P111~P126
	我的太魯閣	P171~P186

㈥教案設計（單週舉隅）

週次	主題／進度	內容與教材說明（教師自編教材）	執行方法	教學目標
13	「閱讀新世界」旅行的溫度——愛的行旅五部曲	1. 從文本出發，透過比較閱讀的概念，尋找創作元素、寫作素材。 2. 透過課堂遊戲式的提問教學，增加閱讀課的遊戲化與生活化的特色。 3. 延伸閱讀與masker的實作：以閱讀為主題，推薦適合高一學生閱讀書籍，並以旅行手札作為課後評量的作業與能力指標的檢核。	1. 自主學習 2. 拼圖式分組 3. 數位行動教學 4. 實地踏查 5. 學思達&PISA提問法	1. 認知：透過行旅認識在地文化、文學、社會議題等。 2. 技能：從文本出走，移動到北投，融入個人生活經驗與美感，完成學習單的書寫與創作。 3. 情意：體認文學與自然、文學與社會、文學與自我的一體性，也有意識地展開有任務的旅行。

從古橋之戀到中亞手繪旅行單元教學活動設計簡案					
單元名稱	從古橋之戀到中亞手繪旅行	班級	高一	人數	40人
教材來源	教師自製與設計、古橋之戀、中亞手繪旅行	時間	50分鐘	教師	宋怡慧
教學準備	1.教師：閱讀相關參考書籍、設計相關教材、筆記型電腦、自製多媒體教材、網路搜尋、設計學習單 2.學生：《中亞手繪旅行》，張珮瑜著，聯經出版社				
設計理念	設計理念從「旅行」到「旅圖」，國中時期他們學習過《老殘遊記》，劉鶚描繪晚清知識分子面臨社會黑暗與科舉制度扼殺人才的憂憤，透過行旅，以腳的溫度、心的距離尋回知識分子的使命與尊嚴。劉鶚在遊歷之間，從所見所感的風景與人情，重新與自我對話、躍進到生命另一個開闊的層次，進而找到了存在的意義。 高中時期，他們接觸到劉克襄《古橋之戀》，感知作者年輕時即跋山涉水，透過旅行來觀察這片土地的發展，以自然與自己的對話與空間的流動中，嘗試各種自然寫作文體和題材，大至地理文史論述，小及昆蟲花草的研究都潛心著墨。而作家張珮瑜更是從2001年獨自規劃旅程，以女性背包客身分，為自己的生命規劃一段又一段的旅途。每一個國家、每一個城市，都有她喜歡的氣味，她把這份氣味留置在她的文字、圖片、圖畫中。她顛覆傳統旅行需耗費大量金錢，崇尚物質享受的流習，從喜歡走到哪兒畫到哪兒的浪遊者心境，從拍攝、手繪的圖片和畫作，傳達行旅能肯定自我、超越自我的信念，讓學生、讀者走入她的旅途、閱讀她的旅圖，生命因而有了深情的連結，不同的想像。「旅行」與「閱讀」是生活裡靈光乍現的擷取，美的覺醒更是滋潤性靈的活水，當旅行遇上閱讀，我們找到閱讀的藍天、旅行的意義，成為更好的自己！來吧！手持夢想的入場券，進入「閱讀、悅讀、越讀」的新視界……這將會是你愛上閱讀的一堂走讀課。				

教學重點	「閱讀新世界」旅行的溫度──愛的行旅五部曲。 1.從老殘遊記、古橋之戀文本出發，透過比較閱讀的概念，尋找從古到今遊記文類的創作元素、寫作素材、行旅過程的出發與回歸。最重要的是，落實大量閱讀、擴大文類閱讀的效能。 2.透過課堂遊戲式的提問教學（臺灣旅行桌遊闖關），讓學生從食衣住行育樂，了解臺灣368鄉鎮的特色，增加閱讀課的遊戲化與生活化的特色。 3.如何閱讀一本書，閱讀策略教學：從心智圖找到遊記中最重要的元素，美的覺醒，透過手寫歸納出自己在行旅中，找到獨一無二的生活美學。 4.延伸閱讀與masker的實作：以閱讀為主題，推薦適合八年級學生閱讀書籍，並以旅行手扎作為課後評量的作業與能力指標的檢核。

教學歷程

1. 課前預習單：老師課前已完成《中亞手繪旅行》一書的導讀，並製作導讀影片，供學生自學、預習，並由組長指導組員能於課前閱讀完學習單，達到課前自學的效能。
2. 課前暖身：
   (1)檢索訊息大PK：從圖片拼出我的自學歷程。
   (2)比較閱讀：從文本與書籍的比較，引出課程主題「旅行的意義」。
   (3)搶答時間：透過動動腦時間，增溫小組情誼、師生互動。

圖3-9　《臺灣大富翁》桌遊圖

3.進入課程：
(1)從臺灣想像到國際行旅：
①「聽課時間」與師生互動：從文本簡、中、難三個層次一一說明：
A.簡單層次：書訊整理、作者整合的教學。
B.中階層次：從校園到國際，扎根在地，接軌國際。
C.高階層次：看別人、找自己、做自己，旅行三部曲。
②透過《臺灣大富翁》桌遊競賽，凝聚臺灣地景旅行的共識（如圖3-9）。
③文本教學與分組提問闖關，從分組討論整理文本訊息、歸納比較、省思。
(2)思考與創作：從五感開發與心智圖的訓練，整理出個人對生活美學鑑賞的多元角度，體現生活處處充滿美，只要打開五感與心靈、自然互感，就是一張生活美學的旅圖。
(3)分組討論與分享：透過圖像與世界咖啡館的討論方式，找出全班對美的覺醒之小故事。
4.課後餘韻：
(1)以教師個人從謝旺霖的《轉山》到花蓮走讀背包客的經驗，作為本課餘韻繞梁的終曲，一份行旅的自我探索、成長，挑戰與突破，都是美麗的生命行旅。
(2)課後評量：上完閱讀課，以我的「文青小旅行」學習單作為課堂的作業與評量。希望學生能設計一段旅程，透過閱讀與課程所學，能以探問行旅、尋找自己、有目的旅行等形式……為自己設計一張走讀旅圖，並寫出創作緣由50字以內。
5.延伸閱讀：個人行旅《夢想這條路踏上了，跪著也要走完》、《慢城臺北》、《老地方，慢時光》、《歐遊情書》、《手繪旅行的美好時光》、《魚的南義旅行手記》、《坐輪椅也要旅行》、《去我的沖繩》、《自找的夢想》、《在異國餐桌上旅行》、《10萬元環遊世界》、《單車放浪》、《漫漫首爾》、《我行。我宿：從旅館出發的療癒之旅》、《從巴黎到巴塞隆納慢慢走》、《聽見芬蘭》、《一日散策慢旅行》、《最美麗的出走尋找香格里拉》、《陌路回家》、《小小站輕旅行》、《手繪伊斯蘭世界》、《臺灣慢慢走》、《往極境出發》、《土東·伊朗手繪旅行》、《土耳其手繪旅行》、《小港包的臺北五四三》、《不趕路的旅人》、《地圖上最美的問號》、《那一所名為旅行的大學》、《背包十年：趁年輕去旅行》、《2天1夜親子輕旅行》、《帶著童書去旅行》、《跟著媽咪繞著地球飛勇闖天涯去》。不同的作家，分別呈現行旅的心境與人情的流轉以及自我實現的旅程目標，可在本課程學習完畢後做深度的閱讀，並利用下一堂閱讀課再與同學分享擴大閱讀文類的心得（如圖3-10）。

圖3-10　延伸閱讀

㈦作業或評量資料收集、參與討論、課堂問答、回家作業、個人報告、分組
　報告……
㈥實施成效檢討：**期中學生學習歷程回饋與分享、課程學習檢核表。**（如表
　3-3）

表3-3　實施成效檢討

撰寫個人閱讀學習歷程日誌	小組課程反思活動——討論與回饋

進行課程交流與對話	填寫課程學習檢核表

學生準備豐富的簡報內容介紹自己的旅圖。	小組成員相互協助完成課程任務與作品。

進入走讀課程的奇幻世界。	學生參與各項閱讀課程設計，結合電影、戲劇、表演多元展能等。

辦理雙溪中魔法妙妙屋服務營隊活動，國中學生參與各項闖關活動：做早操。	配合遊戲化、生活化，讓學生能輕鬆自在地喜歡走讀課程。

策劃趣味多元的說書課程，點燃中學生對閱讀的熱情，讓閱讀動起來！	偏鄉服務營隊獲得遠見雜誌報導，跨校閱讀服務學習大成功。

第四章

在地力：後大安書寫

課程設計與編寫者：師大附中國文科　顧蕙倩老師

一、前言

　　某日，帶著師大附中學生校外教學，走過鄰近學校的「瑞安街」卻迷路其間！其曲折繁複的街道規劃令人狐疑，不禁自問為何街道設計竟如此有趣？問班上同學竟無一人知曉，大夥兒遂興起一探究竟的好奇心。這也成了未來規劃「大安學」的第一步：後大安書寫。

　　當十二年國教於民國103年正式實施起，「十二年國教課程綱要」設計的邏輯已然逐漸成形。在有所掌握之後，我們就會清楚地了解，「校定必修課程」與「校定選修課程」就是每個學校以「建構校本課程」為未來發展特色的重大契機！我常常思考到底何謂真正的「特色課程」？雖然到了「十二年國教課綱」正式啟航的那一刻，各學校在倒數計時前所精心擘畫的「特色課程」，就是「建構校本課程」的基石，然而若不從「學校本位課程發展」及「學校特色的意義與內涵」來探究「特色課程」，那麼「特色課程」和「選修課程」的意義如何區分？Eggleston說：「課程永遠是學校發展的關鍵。」要如何設計課程以形成學校獨特性與未來發展性呢？

「在地化書寫」實為「學校本位課程發展」（school-based curriculum development，簡稱SBCD）的關鍵基石。如果學生能從了解學校的在地性開始，進一步整合學校社區的資源，就地取材，加以善用，並進一步關心校園所在的社區，反思（reflection）「在地性」問題，由自身學校的人文思維出發，書寫觀察，記錄實踐過程，提出「反思」後的因應策略，甚至進入社區，實踐公民責任，讓學校學子成為社區發展重要的後盾。

而「學校本位課程發展」主要即源自於各國對於學校教育的反思，是由「學校重建運動」（movement to restructure school）帶領下的產物（盧美貴、陳勤妹與方慧琴，2000），[1]鼓吹以學校為基礎的課程發展工作。當我帶著學生從一條曲曲折折的「瑞安街」開始走入「大安地圖」，我發現那書本裡看不見的「大安」：過去的大安、現在的大安與未來的大安已隱然成形。接下來，便是如何規劃屬於師大附中「在地化」的特色課程。

身為一名熱愛寫作的國文科教師，「書寫」自然成為本課程的「主軸」。

即使「跨領域」教學成為必要的途徑。

然而，每位同學看待「大安區」的視角是不同的，在教育書寫工程的開端，眼睛看向四周的同時，不忘回看自己選擇的視角。先藉著校園書寫、校園八景的全校票選活動，讓學生學習走出課本，投入人群，然後再藉著校外採訪，為自己奠定「客觀書寫」與「採訪觀點」

1　引自薛雅慈（曉華）。因應十二年國教下我國高中特色課程政策的發展趨勢：兼論當前優質化高中特色課程發展型態。2017.2.1造訪此網站tkuir.lib.tku.edu.tw:8080/dspace/retrieve/52764/師大_1.doc

的基礎。爾後，由「地景寫作」的三大方向：自然書寫、城鄉書寫和旅遊書寫，練習面對自己身爲「書寫者」的不同視角。然而這些都是源於「瑞安街」的過去、現在與未來的「反思」。

　　這就是本課程「後大安書寫」的眞正精神，以一支筆開始改變全世界！以「後」（post-）爲書寫的最終目的，也就是「反思」身爲大安區的一員，經自我長時間的課程發展，是否能衷心發掘大安區未來可能的「環境變遷」？站在明知即將消失的「風景」前，超越無法挽回的遺憾與無力，能否以「個人書寫力量」爲美好而眞實的片刻盡點什麼力量呢？

二、十二年國教課綱圖（如圖4-1）

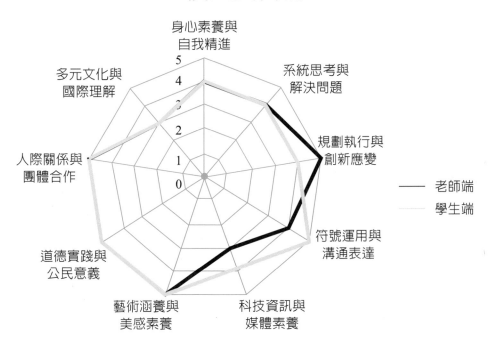

課程名稱	老師端	學生端
身心素養與自我精進	4	4
系統思考與解決問題	4	4
規劃執行與創新應變	5	4
符號運用與溝通表達	4	5
科技資訊與媒體素養	3	4
藝術涵養與美感素養	5	5
道德實踐與公民意識	5	5
人際關係與團體合作	5	5
多元文化與國際理解	3	3

圖4-1　十二年國教課綱

三、十二年國教課綱核心素養對照

核心素養	核心素養具體內涵	自我教案檢視
A1身心素質與自我精進 A2系統思考與解決問題 A3規劃執行與創新應變	U-A1提升各項身心健全發展素質，發展個人潛能，探索自我觀，肯定自我價值，有效規劃生涯，並透過自我精進與超越，追求至善與幸福人生。 U-A2具備系統思考、分析與探索的素養，深化後設思考，並積極面對挑戰以解決人生的各種問題。 U-A3具備規劃、實踐與檢討反省的素養，並以創新的態度與作為因應新的	U-A1：本課程從探究式教學開始，運用問題導向的教材設計，逐步引導學生關心周遭環境，進一步思索如何觀察現象，解釋分析問題成因，並思考如何追求更每好的生活環境。 U-A2：本課程將融合學生在地理、公民、資訊等學科知識，以培養學生具備自我歸納與科際整合學問的能力。藉由對大安區環境變遷的認識，培養學生獨立製作研究專題、收集資訊、歸納分析、邏輯思考與自我提問的語文專業能力。

閱讀力參考資料

序號	章名	撰寫老師	收錄文章
1			朱天心〈我的街貓朋友：忽忽〉
2			朱和之〈我見北門多嫵媚〉
3			白先勇《臺北人‧滿天裡亮晶晶的星星》
4			康明思（e. e. cummings, 1894-1962）
5			楊子葆〈從車窗向外窗〉（引自《窗：50位作家，50種觀點》）
6			鄭愁予〈小站之站〉
7			吳明益〈流光似水〉（節錄）（引自《天橋上的魔術師》）
8	第二章　閱讀力參考資料	歐陽宜璋	陳鎮川〈收藏〉
9			隨風而逝（飄在風中，Blowin In The Wind）（巴布‧狄倫Bob Dylan）
10			吾鄉印象　作詞：吳晟，作曲：羅大佑
11			〈菊花夜行軍〉交工樂隊　作詞：鍾永豐／作曲：林生祥
12			焦元溥〈第88屆奧斯卡的音樂隨想〉
13			最佳影片《驚爆焦點》：威爾第《唐卡羅》
14			許瞳《裙長未及膝‧後記——只有我們能夠寫的》
15			《臺北歷史地圖散步》
16			《松園遠眺》凌性傑
17			拼到底的祕密　安琪拉‧達克沃斯
18	第三章　閱讀力參考資料	宋怡慧	《我的第凡內早餐》王文華
19			〈山與海的秘密〉郝譽翔
20			閱讀的理由　溫蒂‧雷瑟
21			「未來」已經成為現在　嚴長壽

序號	章名	撰寫老師	收錄文章
22			在台北遇見公共藝術／黃浩德
23			遇見深巷老日子第二次微笑／陳世斌
24			耕讀傳家，日常人情——橫山潁川堂常民午宴／顧蕙倩
25			采采卷耳／方梓
26	第四章　在地力——後大安書寫參考資料	顧蕙倩	出航　文／廖鴻基
27			時光奏鳴曲　文／張霗
28			在陽光升起的所在　文／向陽
29			穿過臭水四溢的夜市　文／郝譽翔
30			溪澗的旅次　文／劉克襄
31			淡水去來　文／方群
32			椅——在大安森林公園　文／陳謙
33			籤筒◎陳依文
34			搶救一座土地公廟～劉克襄
35	第五章　資訊力參考資料	黃琇苓	籤詩的架構、內涵及社會文化意／林金郎
36			科學與宗教一定相互衝突嗎？——《愛因斯坦自選集》／引自：http://pansci.asia/archives/107910
37			〈狼之獨步〉紀弦
38			〈追求〉覃子豪
39	第六章　全球力參考資料	張馨云	邱妙津〈離心率之2 福和橋〉
40			曹麗娟〈童女之舞〉
41			西西《我城》
42			張愛玲《傳奇》

核心素養	核心素養具體內涵	自我教案檢視
	情境或問題。	U-A3：學生能從觀察校園開始，不但具備觀察環境變遷的基本能力，還具備解釋環境變遷的基本論證能力，及向他人解說關心環境、因應變遷重要性的基本能力。
B1符號運用與溝通表達 B2科技資訊與媒體素養 B3藝術涵養與美感素養	U-B1具備精確掌握各類符號表達的能力，以進行經驗、思想、價值與情意之表達，能以同理心與他人溝通並解決問題。 U-B2具備適當運用科技、資訊與媒體之素養，進行各類媒體識讀與批判，並能反思科技、資訊與媒體倫理的議題。 U-B3具備藝術感知、欣賞、創作與鑑賞的能力，體會藝術創作與社會、歷史、文化之間的互動關係，透過生活美學的涵養，對美善的人事物，進行賞析、建構與分享。	U-B1：學生能觀察當代社會的變遷成因，並加以反思，回溯歷史的符號加以類比。 U-B2：學生能運用多媒體平臺，將個人作品分享，累積資訊，與線上的互動媒體進行連結，進一步成為在地文史資料。 U-B3：將學生的作品呈現於部落格與臉書粉絲團，再加以文創化與商品化，製作成明信片、月曆與書籍，以呈現「後大安書寫」永續經營，關懷無限的精神。
C1道德實踐與公民意識 C2人際關係與團隊合作 C3多元文化與國際理解	U-C1具備對道德課題與公共議題的思考與對話素養，培養良好品德、公民意識與社會責任，主動參與環境保育與社會公益活動。 U-C2發展適切的人際互動關係，並展現包容異己、溝通協調及團隊合作的精神與行動。	U-C1：從自身就學場域開始認識周遭環境，進一步關愛思考大安區的環境變遷軌跡，最後能選擇大安區二十年內最有可能消失的一個地點，記錄思考。思考其可能變遷的原因，以穿越時空的方式，虛擬一段二十年內在此發生的情節，配合景點特色加以闡述，並分析改變的原因。

核心素養	核心素養具體內涵	自我教案檢視
	U-C3在堅定自我文化價值的同時，又能尊重欣賞多元文化，拓展國際化視野，並主動關心全球議題或國際情勢，具備國際移動力。	U-C2：本課程從帶領學生分組考察記錄師大附中校園地景，進行全校票選「附中心八景」開始，再完成大安區各特定地段的人文風貌之記錄、整理、採訪與分析，讓學生紮實執筆以分組方式合作方式完成「地景書寫」。 U-C3：學生能了解「在地化，就是國際化」，從關心自身校園開始，走出校園，走入在地社區，看見臺灣在地文化，了解自我文化價值，在變動不居的環境議題中主動關心全球議題，反思個人生命的積極意義。

四、教案分享

(一)課程單元名稱：「後大安書寫」

(二)課程發展前言

1.發展課程的想法

　　「後大安書寫」課程為高一語資班國文專題研究課程之一，並配合高中職「環境議題領域探究式課程」研發計畫——子計畫一：師大附中（3/3）之高瞻計畫創新課程（NSC102-2514-S-788-001）與103年社區均質化課程（102學年臺北市南適性教育永續資源均質化計畫師大附中子計畫：體察設計思考——社區需求特色創新課程設計）加以開發，本課程將融合學生在地理、公民、資訊等學科知識，以培養

學生具備自我歸納與科際整合學問的能力。藉由對大安區環境變遷的認識，培養學生獨立製作研究專題、收集資訊、歸納分析、邏輯思考與自我提問的語文專業能力。

2.與計畫整體目標的配合

本課程從帶領學生分組考察記錄師大附中校園地景，進行全校票選「附中心八景」開始，再完成大安區各特定地段的人文風貌之記錄、整理、採訪與分析，讓學生紮實執筆完成「地景書寫」。

從自身就學場域開始認識周遭環境，進一步關愛思考大安區的環境變遷軌跡，最後能選擇大安區二十年內最有可能消失的一個地點，記錄思考，思考其可能變遷的原因，以穿越時空的方式，虛擬一段二十年內在此發生的情節，配合景點特色加以闡述，並分析改變的原因。

3.課程實施辦法

本課程實施將以個人書寫創作發表與小組合作學習爲主，將關懷「環境變遷」的科學思考以人文採訪、觀察、討論與書寫的方式具體實踐。讓學生追隨「後大安書寫」而產出的成果具體落實，以社區回饋爲目的，將學生們的學習成果配合大安區的現有資源，與開放空間文教基金會合辦「創藝。大安」藝文活動，並將學生的作品呈現於部落格與臉書粉絲團，再加以文創化與商品化，製作成明信片、月曆與書籍，以呈現「後大安書寫」永續經營，關懷無限的精神。

(三)教學對象：高一語文資優班國文專題研究課程

(四)教學時間：16小時

㈤教材來源

　　1. 自編大安區環境與變遷教材

　　2. 自編地景書寫、採訪寫作、廣告文案等寫作教材

　　3. 大安區公所相關社區資源

　　4. 師大附中校園地景相關資源

㈥課程發展者：國文科顧蕙倩老師

㈦學生先備知識分析

　　1. 認識大安區生活環境場域

　　2. 認識附中校園環境

　　3. 了解四個中心議題，也可以說四個趨勢（Stream）

　　⑴趨勢一：微觀—宏觀

　　今日重大的社會議題對個人命運（社區發展）的影響是什麼？重大的全球課題，如金融危機、氣候變遷、社會不公等，對個體的生命（社區發展）又有什麼意義？

　　⑵趨勢二：失序與幻滅

　　傳統的家庭結構正在解體，有助於個人生活理念及生活風格的發展。與此同時，面對職業市場機制時，個人卻也越來越無助（如窮忙族、派遣工……）。

　　價值和典範一再地基於個人觀點重新定義，有關社區共同體的問題也必須由每個人自行重新定義。

　　⑶趨勢三：每個人都是一個個體

　　在一個個體化的世界裡，每個人都是自我人生的導演。從某方面看，人生因此有許多的機會和可能，從另一方面看，自我決定的壓力

也隨之形成。

　　傳統的上班族變成了自我雇用的業主，社會與地理的流動也鬆動了傳統的社會連結。

　　(4) 趨勢四：新的合作模式

　　當傳統的社會組織已失去其重要性或意義，新的合作模式於此形成。

　　除了社會化的溝通採用了新的形式並透過網路來進行，臉書與推特等社交媒體，也進一步為政治性組織、新型態的社會參與及衝突管理，催生了新的可能性。

(八)學生學習能力分析

　　1.具備觀察環境變遷的基本能力
　　2.具備解釋環境變遷的基本論證能力
　　3.具備向他人解說環境變遷的基本能力

(九)課程目標

　　1.秉持「一種理念，一種實踐」完成一學期的「後大安書寫」
　　　(1)一種理念：知識與理論的灌輸未必能影響學生行為。
　　　(2)一種實踐：惟有正向態度與價值觀的建立才能促進環境友善的
　　　　　行為。
　　2.目標
　　　(1)「後」大安書寫，知反思。
　　　(2)自我觀看的生命書寫。
　　　(3)記錄環境變遷下的我你他。
　　　(4)當青春走過時代，讓生命留下足跡。

(5)因為故事，因為書寫，就算含淚亦微笑。

(6)讓我們共同感受、體驗、分享與關愛這片土地。

3.課程核心思考

(1)「後人類」（Post-human）作為一個學術名詞，源自1988年史蒂夫·妮可思（Steve Nichols）所發表的《後人類宣言》（*Post-human Manifesto*）一書，儘管學術界和藝術界對於「後人類」一詞之定義仍然分歧，但這個詞語已普用於形容現代人日漸分歧、複雜的生命期許和身分認同；

(2)「後」大安書寫的書寫策劃理念和書寫內容架構。

(3)試圖找出各種打破自然社群與文化新社群界線的新方法。

(4)思考當代人是否已不再擁抱單一之價值觀，而是活在多重的、異質的且自我矛盾的不同系統之中，本課程的三個面向，反映了這諸多系統的拼貼、組合與運作模式，且已經延伸到生命樣式這個原本屬於造物神話的領域。

㈩教學方式

1.探究式教學：問題導向的教材設計，逐步引導學生思索。

2.小組合作：合作小組是教學活動的個體，學生對於觀察現象的解釋。

3.書寫學習：社區考察前練習各種書寫方式，幫助學生在社區考察時聚焦觀察與書寫觀察所得。

㈩評量方式

本課程的多元評量，依據課程進行的三大學習進程，以個人與團

體評量同時並行，分別進行觀察記錄、個人書寫、各組書寫及成果發表三種類型的多元評量。

1. 觀察、記錄現狀

   (1)20+1張照片＋簡述＝海報（學期末）

   (2)21張會說故事ppt（寒假）

   (3)各組自設一個後大安問題

2. 個人書寫及全組活動參與

   (1)兩人爲一組，練習3Q3A式的採訪寫作。

   (2)先收集被訪者相關資料與設計採訪問題。

   (3)採訪後撰寫相關採訪稿。

   (4)前往仁愛路車行分隔島，進行自然書寫。

   (5)書寫附中校園，完成500字左右散文。

   (6)將附中美景製作成A4廣告文案。

   (7)舉辦「附中心八景」全校票選活動。

3. 各組書寫及成果發表

   (1)逐漸以「變遷」爲主題，書寫二十年後的大安區，透過自我的觀察與關懷，將大安區的過去現在與未來寫成一篇散文。

   (2)完成上傳部落格。

   (3)期末製作「附中八景」明信片。

   (4)以旅行者的角度觀看大安區，並將本學期的作業編輯成一本《後大安人文導覽書》。

   (5)參與社區服務活動。

   (6)完成期末成果發表。

㈤課程發展架構（見圖4-2）

1.自然觀察、記錄與書寫

圖4-2　「自然觀察、記錄與書寫」課程發展圖

2.探討影響環境變遷的多重因素：空間、地方與地景（見圖4-3）

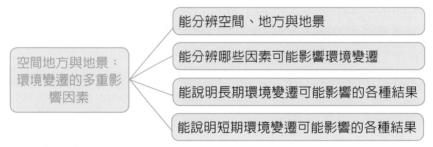

圖4-3　「探討影響環境變遷的多重因素」課程發展圖

3.大安區史料的訪談與調查（見圖4-4）

圖4-4　「大安區史料的訪談與調查」課程發展圖

4.地景寫作、自然寫作與文學創作（見圖4-5）

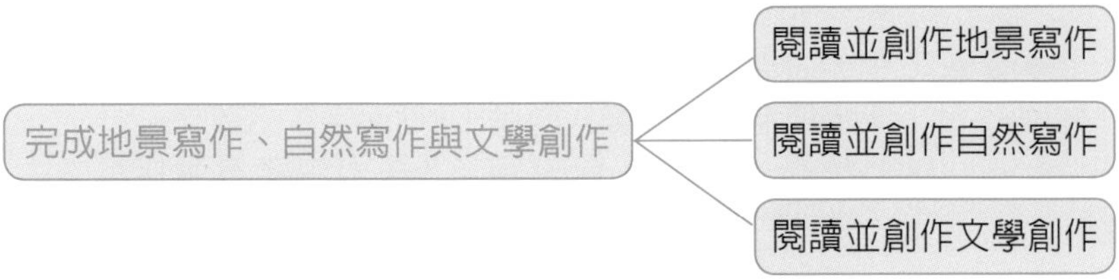

圖4-5 「地景寫作、自然寫作與文學創作」課程發展圖

㈢教學模組

主題	教學模組	內容	作業	對象
後大安書寫	收集與分析資料（2hr）	1.認識資料收集的幾種方法。 2.認識如何在資料中整理相關訊息與分析差異訊息。	1.20+1張照片＋簡述，並完成地圖式海報。 2.完成21張會說故事ppt。 3.各組自設一個後大安問題。	高一高二至高三，均可
	採訪寫作（2hr）	1.針對各組觀察與收集資料所得，提出問題為導向的觀察報告。 2.介紹實地採訪的各種方式。 3.介紹採訪寫作的幾種方法。	1.兩人為一組，練習3Q3A式的採訪寫作。 2.將現代詩的意象寫作融入其中，採訪者將被採訪者的資料繪成圖像，進行全班猜謎遊戲。	
	採訪社區（2hr）	1.帶領同學實地走入社區，採訪瑞安街水牛書店與大安區區長蘇瑞珍女士。 2.出發前先就採訪問題進行演練與準備。	1.先收集被訪者相關資料與設計採訪問題。 2.採訪後撰寫相關採訪稿。	

主題	教學模組	內容	作業	對象
	自然書寫（4hr）	1.如何描寫自然的景象。 2.學習描寫物象匯入自身情感。以文字書寫物（知感交融）	1.書寫附中校園，完成500字左右散文。 2.將附中美景製作成A4廣告文案。 3.舉辦「附中心八景」全校票選活動。 4.前往仁愛路車行分隔島，進行自然書寫。 5.期末製作「附中八景」名信片與桌曆。	
	城鄉書寫（4hr）	1.透過間接之訊息與直接的經驗的交融，逐漸釐清人與社區的關係。 2.了解城鄉書寫的在地關懷。	1.逐漸以〈變遷〉為主題，書寫二十年後的大安區，透過自我的觀察與關懷，將大安區的過去現在與未來寫成一篇散文。	
	旅行書寫（4hr）	1.了解旅行書寫的移動性觀察與客觀性書寫。	1.以旅行者的角度觀看大安區，並將本學期的作業編輯成一本《後大安人文導覽書》。	

㈥教材呈現

　　由於本課程是以寫作課程與實地採訪觀察為主，課堂內的教學課程將以教導學生完成各寫作作業為主。每一次課堂教材的呈現與課程設計都是為了幫助學生完成下一堂課的考察與書寫作業。

　　學習行動學習方案：

　　階段一：面對問題情境

　　階段二：收集資料與行前討論

階段三：觀察。訪談。行動與記錄

階段四：行動後的反思與分享

這不僅是一系列文學寫作課程，更是一系列教室裡走向社區內的實體課程，讓學生了解「環境變遷」的重要性。除了讓學生學習用筆書寫，更可以讓學生理解不是僅靠數據或是知識，更可以透過觀察與關懷來親身體悟關切社區的意義。還要讓學生理解書寫不僅可以抒發自己，更可以改變未來。

透過對「師大附中校園」與「大安區」的考察與書寫，學生不僅能對「環境變遷」的內在意義有更深層的理解，更培養了抒發自我與體察外物，分析與整理資料的能力。如此一來，因為了解大安區而思考社區與自我的關係，並進一步思考未來大安區的發展，相信這一顆關愛社會的種子有一天會開花結果的。

㈤教案設計

課程名稱：後大安書寫		
教案內容	教學時間：每次2小時（可視需求，彈性調整）	
	課程類型	國文專題研究課程申請師大附中高瞻計畫與均質化社區營造課程，將高一下地理、公民、資訊等課程融入國文專題研究課程，以培養學生具備自我歸納與科際整合學問的能力。
	設計理念	「後人類」（Post-human）作為一個學術名詞，源自1988年史蒂夫·妮可思（Steve Nichols）所發表的《後人類宣言》（*Post-human Manifesto*）一書，儘管學術界和藝術界對於「後人類」一詞之定義仍然分歧，但這個詞語已普用於形容現代人日漸分歧、複雜的生命期許和身分認同。為培養語資班學生獨立製作研究專題、收集資訊、歸納分析、邏輯思考與自我提問的語文專業能力，以師大附中所在地：大安區為書寫主題，讓學生以自身的環境開始，一窺個體化中的個體、社會、政治以及文化等各個面向之間錯綜複雜的交互影響，同時也書寫出自身青春的當前狀態和反思大安區未來發展的可能趨勢。

課程名稱：後大安書寫	
教學目標	1.自我觀看的生命書寫。 2.記錄環境變遷下的我你他。 3.當青春走過時代，讓生命留下足跡。 4.因為故事，因為書寫，就算含淚亦微笑。 5.讓我們共同感受、體驗、分享與關愛這片土地。
教學方法	1.探究式教學：問題導向的教材設計，配合社區現場的考察與提問策略，逐步引導學生思索。 2.書寫學習：社區考察前練習各種書寫方式，幫助學生在社區考察時聚焦觀察與書寫觀察所得。 3.小組討論與合作：透過小組討論與合作完成是寫作與社區活動的主體，學生對於觀察現象的解釋，是來自於自身與群體間論證的結果，即論證會在小組內討論先發生，然後才是組間或個體間的討論溝通。
教學資源	1.老師自製寫作指導資源：利用老師自製的寫作指導資源教材，引導學生能慢慢完成作品。 2.社區相關資源：學生可利用電腦收集相關社區資料，並用此來完成作業。 3.走出校園：與在地社區資源連結，如採訪大安區區長。（見圖 4-6～4-7）  圖4-6　採訪大安區區長

圖4-7　採訪大安區區長（續）

　4.善於運用部落格與臉書粉絲頁：經學生收集的資料與完成的作
　　品，按部就班地分類呈現於自製的「後大安世代部落格」與
　　「創造附中心八景臉書粉絲頁」上，不僅具有發表的成就感，
　　更能將學習成果永續經營，形成大安區的人文文化之一景。
　5.安排專題講座三場：
　　⑴專題一：陳世斌（採訪寫作）
　　⑵專題二：黃浩德（公共藝術）
　　⑶專題三：廖鴻基（自然書寫）

教學活動	此教學模組的活動主要可以分成三個部分：發現、印證與呈現之旅，其教育意義就是實踐以學生為主體的學習活動。 底下將分述這三個活動。 　1.發現大安之旅。 執行活動： 　　⑴完成21張照片的故事（見圖4-8） 　　⑵一個提問的練習 　　　①21 張寒假作業分組表 　　　②發現故事 　　　　a.採訪人物地方 　　　　b.發現問題 　　　　c.重建現場 　　　　d.拼貼今昔和未來 全班分成以下十二組： 　　⑴臺大書香小巷 　　⑵永康街

⑶大安森林公園
⑷青田街
⑸大安森林公園
⑹人的移動與交通
⑺臺灣大學
⑻龍淵里
⑼青田街
⑽永康街
⑾Livehouse
⑿復興南路

圖4-8　發現大安之旅。學生完成21張的故事海報。

5.印證大安之旅（見圖4-9～4-10）：
　⑴由老師帶領前往水牛書店與大安區公所進行實地採訪。
　⑵由學生進行採訪書寫並分享。
　⑶由學生就各自選定的社區主題進行課後實地採訪並分享。
　⑷在校內實地書寫校園一景。
　⑸辦理全校性：附中心八景票選暨展覽活動。
　⑹成立附中心八景粉絲團。

圖4-9　印證大安之旅。學生進行水牛書店社區採訪工作

圖4-10　印證大安之旅。學生進行大安區區長採訪工作。

6.書寫大安：

　閱讀書寫
　(1)在地文化作品
　(2)地景文學作品
　(3)客觀性文字之書寫練習
　(4)主觀介入感受並想像之書寫練習
㈠在「後大安書寫」部落格寫故事：http://blog.roodo.com/1345
　dahan（見圖4-11）
　1.上傳21張的故事（寒假作業）

2.上傳附中書寫1000字（課堂作文）
3.上傳大安書寫（國文專研）
4.上傳後大安書寫（國文專研）
5.上傳附中八景A4廣告文案（國文專研）
6.上傳社區採訪文與照片（國文專研）

圖4-11　設立「樂多日誌：後大安世代」部落格，將學生作品陸
　　　　續呈現其間。

(二)後大安人文導覽書
　1.附中書寫個人篇
　　(1)1000字書寫一景＋配照片
　　(2)200字書寫一景＋配照片（pdf檔）
　　(3)校慶日前一週於中正川展出（見圖4-12～4-17）
　　(4)全校票選附中心八景
　　(5)全校票選附中心景成立臉書部落格

圖4-12　成立「全校票選附中心八景」臉書粉絲團，藉呈現學生
　　　　作品大力宣傳活動。

2.大安書寫
　(1)21張照片（點）：海報型
　(2)21說故事（線）：樂多日誌型
　(3)說大安區＠＠的故事（面）：採訪報導文字（客觀式書寫）
3.後大安書寫（主觀式書寫）
　(1)自然書寫（現在式）
　(2)旅遊或城鄉書寫（未來二十年式）
　(3)每組拍一張即將在二十年內消失的場景照片與上一項作品
　　放在時空膠囊裡，請選擇自己家鄉最有感觸的一個地點，
　　以穿越時空的方式，虛擬一段二十年後在此發生的情節，
　　配合景點特色加以闡述，並分析改變的原因，文長不限。
㈢校景明信片。（見圖4-13）

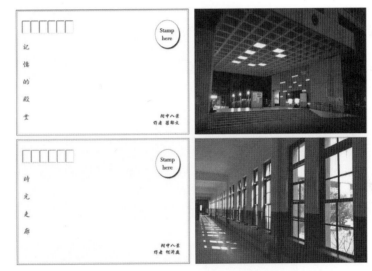

圖4-13　附中八景明信片

㈣與開放空間文教基金會合辦「後大安嘉年華」社區活動
　　「後大安嘉年華」活動宗旨：將師大附中語資班國文高瞻計
　畫與均質化課程「後大安書寫」的成果具體落實，以社區回
　饋為目的，將學生們的學習成果配合大安區的現有資源，以
　「後大安嘉年華」活動方式具體呈現。

圖4-14　書寫大安。學生在校內進行附中心八景選活動暨展覽海報。

圖4-15　書寫大安。學生在校內進行附中八景票選活動暨展覽。

課程名稱：後大安書寫

圖4-16　學生展示附中心八景　　圖4-17　自然書寫在仁愛路上。
　　　　A4廣告文案作品。

㈥作業或評量

　　底下將呈現一些學生的書寫範例與採訪作業，套字的部分為老師的評語。

㈠書寫範例

　　1. 城鄉書寫（廣告文案製作）：附中書寫

時與光：記舊北社辦
師大附中1345鐘林盼

　　學校的格局四四方方的，四度樓圍出一個口字型，分別以方位命名。在北樓後方，尚有一棟低矮的灰樓，只有兩層，像隻掉毛的老狗蹲伏在最不起眼的角落，這就是社團辦公室所在之處，我們叫它舊北。幾

乎每天放學後，我都會從教室所在的南樓出發，穿越擁有一片美麗榕樹綠蔭的東樓，走過高三戒備森嚴的北樓，來社辦報到。

我們的社辦在二樓，昏暗的樓梯間裡，階梯的稜角被時光踏平，木扶手也被歲月磨蝕如玉，看似毫無表情，卻有溫度。舊北樓許有六十幾歲了，據聞最初曾是教室，後改為宿舍（是以至今仍看的到牆上突然冒出個水龍頭），最後才成為社辦。老鳥們都知道哪裡的磁磚會晃動，哪張椅子不能坐。舊北就像魔法學校霍格華茲，到處都是令人驚喜的陷阱。

上樓後右轉第一間，就是青年社社辦了。社辦很小，裡頭卻有五個大書櫃，什麼書都有──這是真的，許多家裡擺不得的「禁書」都藏在這裡。最多的仍屬校刊，來自全國各地高中職的校刊擺滿三個大書櫃。加上一張長長的會議桌、七、八張椅子、一塊黑板，簡直沒有容身之處。但是我卻常常窩在社辦裡，這裡數不盡的書讓我安心，書香摻和從窗戶透進來的微光，像是夢的故鄉。

起初，來社辦不外乎上社課或討論事情，後來竟像中蠱般沒事便往社辦跑，賴著不走，有幾次甚至留在社辦念書。我永遠會記得，走在回家的路上，我回頭看了看，隱約亮著的社辦像是一顆孤星，又寂寞又美麗。

推開弱不禁風的木門，一本厚厚的社誌放在長桌前端。桌上另有一個裝滿紙條的玻璃瓶，規矩是抽到什麼字詞，便要以此為題，行文一篇。紙條上的題目全都刁鑽得很，所以社誌內也多奇文。

一次大掃除時，竟然翻出一本久遠的《藍星詩集》，和奏摺一樣的新潮，和好多好多舊書，於是乎光陰不再一去不回。我們的校刊叫作「附中青年」，簡稱「附青」。讀附青就好像和書本中塵封已久的靈魂

面對面說話，書一本本翻過一如悄然變迭的時代，抬起頭我彷彿看見若干年前學長姊埋首案間如今日的我們，那時候，光亦是微微默默地照進來。我們的模樣都青澀，許多話都還不敢大聲說，但只要手中有筆，便理直氣壯。

圖4-18　青年社社辦

評語：廣告文案著重商品的形象描寫與賣點，我們賣的是校園，所以校園裡的人與故事是商品的亮點。作者能將人的故事與照片景物產生對會的微妙關係，字句雖短，卻產生詩歌般的張力，回味無窮。

自由和美麗的校鳥
師大附中1345莊子嫻

　　寧靜清涼的早晨，我踏著輕快的步伐，沿著狹窄的巷弄走到大馬路，穿梭於車子中，進入附中校園。越走越深，外頭的喇叭聲、汽車引擎聲、吹哨聲，如調音響般迅速降低，漸漸取而代之的是鳥兒的鳴叫，灰黑的公寓和車子也轉成高大，隨風搖擺的樹和一棟一棟教室。

　　每天從位子上望向窗外，就可以看見那些美麗的樹。黃綠、淺綠、蘋果綠、橄欖綠、森林綠……。加上陽光灑下了一片金黃，彷彿看見莫內或者雷諾瓦的油畫，真的美麗極了。凝視著大自然的景觀，舒坦、平靜的情緒由我的心慢慢地擴散至全身上下，使我雙眼的肌肉舒展開來，放鬆許多。下課時候，當周圍人群的嬉笑聲響起，放眼望去，常常能看見附中校鳥黑冠麻鷺獨自在樹叢間優閒地散步。沒有近距離地和牠互動過，只是在遠處欣賞、觀察而已。（見圖4-19）

圖4-19　黑冠麻鷺

評語：書寫地景並不一定著重於景物與人的互動，若能讓自然回到自然的位置，客觀呈現它原有的風貌，亦能表現出層次各異的特質。本文作者書寫文案的方式如同一篇小品文，寫了自己的觀察角度，也寫了附中校鳥：黑冠麻鷺的自然姿態，看似與學生無關，其實可以感受到學生的生活步調已漸漸受到它的影響。

2. 城鄉書寫：附中書寫600字

發憤之際不忘食——附中書寫
師大附中1353鄭渝靜

美麗的風景會深刻人心、會沉澱心靈；日常的景觀會貼近人心、會引發共鳴。在這8公頃的校園裡，我不選擇藍天下的美景，而選擇了與每個人都息息相關的——食堂。

附中的建築基本上以三棟樓為主，從南至北分別為高一所在的南樓、高二所處的中正樓以及高三所待的新北樓，而在這其中除了中正樓，其餘兩棟的地下室都是飢餓如虎的學生們所經常盤據的地方。對高一生而言，尋覓食物的場所當然非南樓地下室莫屬啦！穿越南川步下樓梯後，映入眼簾的是「藍天之子糧倉」六個大字，在這個巨大的糧倉又分為四個部門：飲料部、麵包部、點心部和麵食部。雖說也就這四個部門，但像點心部便會依四季更替將菜單進行微調，麵食部也會推出「本週麵食」，顧名思義只有當週才有，且是平時菜單上看不見的，而麵包部則是會不定期地增添新菜色，例如新口味的漢堡等。事實上選擇相當多樣化，並不會有吃膩了的念頭出現！

不知是否因為比新北樓多了個部門，高二通常也選擇到南樓解決自

己的口腹之慾，也因為如此，每到午餐時刻，地下室總是人潮洶湧之人肩接踵，買個飯像是打場仗一樣！尤其是麵食部最為誇張！總是長長人龍，排隊隊伍甚至是呈現S型而最後再一個大迴轉並直線延伸的排法！但一想到在熱騰騰的白麵條上，鋪著一層滷得恰到好處的羊肉，上頭還放有一匙沙茶且淋上醬油，就連用蓋子蓋上後都仍有陣陣香氣從碗內滲出的南樓知名美食——羊乾麵，我便會咬緊牙關、硬著頭皮投入戰場之中，加入那漫長的排隊人潮！就為了那碗吃完過後的齒頰留香、吃完過後的溫飽滿足啊！有時考量到時間因素便會選擇南樓的另一項知名美食——麵包部那經濟實惠的「35隨便」，那是個只要花35元，然後老闆會隨意幫你配料的食物，可以選擇要吐司版或蛋餅版，如果是吐司版便是在兩片吐司裡又夾上一片煎到金黃的法國吐司、一片火腿、一片培根、一根熱狗，灑上生菜絲再擠上美乃滋，放上一片外皮酥脆的炸雞排，包夾好放進紙袋後再毫不吝嗇地用大把脆薯淹沒袋裡的吐司！35吐司便大功告成！蛋餅版只是將吐司換成了玉米蛋餅而已，其餘則大同小異。對學生來說，這當真是一份物超所值的食物！帶來的飽足感更是不用說，留下的總會是滿滿的幸福。

　　附中的美食實在不勝枚舉，雖然只是每日早晨、中午理應當要吃的三餐，但能有如此多樣的選擇，對我來說就像是在獲得飽足感的同時，心底漾起的幸福、滿足，感謝附中在我們奮發向上的同時提供食物，使我們奮發向上之際亦不忘食！

評語：從每天生活中必備的飲食開始著手，能近取譬，見微知著，飲食
　　　部雖然沒有美麗的風景，甚至四季的演變也不能在此明顯看見，
　　　但是透過作者細膩的觀察與抒情的筆觸，讓人輕易感受生活之美
　　　來自真實的呼吸，令人讚賞。

3. 自然書寫作業：仁愛路書寫

一棵好樹
師大附中1345鐘林盼

灰撲撲的臺北市以有著美麗樹蔭的仁愛路為傲，當陽光從天堂送達，綠葉片片碧玉剔透晶瑩。市民很高興擁有這座小公園。

公園的樹規規矩矩地排列在方格子內，根部因為空間狹隘而痙攣扭曲。站立在車水馬龍之間，想必是種痛苦的折磨，空氣品質絕差，亦沒有溪流環繞。可是小市民們卻頗以此為樂，把生活中的小確幸建立在樹木的痛苦之上。

什麼時候整座島的森林只剩下一座公園了？身為福爾摩沙的子民，還記得山林應該是什麼樣子嗎？

在島嶼的其他地方，樹是一團一團濃得畫不開的色彩塗抹在原野之上。四、五月時，車過高速公路竹苗路段，兩旁盛開白色油桐花，倚著山壁安安穩穩，不像天龍國臺北的行道樹委屈。雲林古坑的綠色大道以綿延不絕的綠蔭著名，那些行道樹擁有大片土地生長，無拘無束。

坐在仁愛路分隔島公園的長椅上，我想起花蓮市的吉安慶修院。吉安慶修院是一個適合種樹和看樹的地方，有樹有水，有莊嚴不失親切的石製神祇，乾淨明亮的空間令人安心。走進慶修院，遊客都不自覺安靜下來，只聽見小橋流水聲把時間都仔細收藏。看著街上來來往往的車輛，我多麼想跳上公車，離開臺北，前往有更大片綠蔭的地方。

女孩坐在對邊的長椅上不說話，看起來很憂鬱。（見圖4-20）

圖4-20　一棵好樹

評語：自然書寫從環境觀察出發，配合自然知識的相關資料，在書寫的
　　　過程中強調自然與人的互動與反思。本篇作者能不落俗套，運筆
　　　自然而情，將我與仁愛路的行道樹之間的微妙對話內化到抒情的
　　　感悟，娓娓道來，令人感受到自然的力量。

㈡社區採訪寫作作業範例

古今書廊專訪
師大附中1345林芊和、黎祐彤、謝雨辰

　　古今書廊創立於民國49年，創辦人賴玉阿嬤當年在牯嶺街創立了第
一家書店，因為整頓市容的關係而將書店遷往光華商場，但是後來因為
身體狀況不好而遷往汀洲路，又從汀州路牽往羅斯福路，書店分成博雅
館及人文館，人文館主要擺放文史哲類的書籍，也包括族譜及各校的畢

業紀念冊。本報導來到汀州路上的古今書廊採訪此書店的店長──張桂碧先生。（見圖4-21～4-23）

圖4-21　古今書廊

新世代衝擊　依舊屹立

　　現代社會很多新興書店崛起，例如金石堂及誠品等連鎖產業，新興書店所擁有的資源及宣傳，相較傳統獨立二手書店多出很多，店長也提到新興書店創立後，對於生意確實所影響。但他也提到，如果想要的僅是暴利，那麼二手書店絕對不是一個好選擇，而當我們問起那麼營業目的是發展文化是嗎？老闆卻笑笑不好意思的說才沒有那麼偉大啦。最重要的是，不管經營中出現什麼瓶頸，都不應該灰心喪志，「維持自己的特色，就算業績不好也要撐下去。」店長這麼說道。

　　當提起書店遷移的歷史，店長提及當初從汀州路牽往羅斯福路的原因，是原先的地價已開始漲價，而後來iphone的門市打算進駐，即使花

費大筆租金也要租下，而書店也支付不了昂貴的租金，只好退而求其次退進巷子中。

即使如此，許多新創立的二手獨立書店（沒有上中下游的供應），如店長口中所說，大部分在賣「大小貨」（通俗的貨品）。因為沒有創立特色倒閉，相較之下，古今書廊因為充滿歷史特色，而在這附近的二手書店一直占有一席之地，也一直是各個媒體所感興趣的對象。

拯救老書　收書最辛苦

書店內空間大部分都被一疊一疊的書堆占據，於是老闆帶我們到倉庫接受訪問。倉庫裡面其實還是擁擠，只能勉勉強強擠出狹小的空間。看著周圍用麻繩捆成一堆一堆尚未整理安排的書籍，我們問起老闆關於「書」的歷程。

收書是最辛苦的，老闆一再強調。雖然有不少顧客會主動捐書，但大部分都是散文漫畫類，不夠特別、全面。因此必須親自去回收場「拯救」即將被絞碎、作成紙漿的老書。而事情也不是這麼輕易就結束的，將舊書領回之後，每一書頁都要用毛巾仔細擦拭、有破頁的必須修補、有異味的得要除臭……完成這些工作之後，貼上書標，才能真正上架。

圖4-22　書店一隅

一點一滴做　一步步改變

當被問起未來書店會不會有什麼改變，店長帶著一絲開心但又有些感嘆的說：「書店一直都在改變，一直都在改變啊！」從以前走進牯嶺街的書店出來會摸出滿手黑黑的灰塵，到我們走進書店時看到一櫃一櫃整齊分類的書，都是一點一滴所累積下來，一步一步走過來的。在改變中也有許多現實面的問題要面對，有人曾提議書店可用電腦分類各種書籍，但許多在古今書廊的書是僅此一本，很快的就會被售出，請了工讀生工作，就會出現浪費人力及金錢的問題。

說起改變，店長心痛的說，過去賴玉阿嬤只要有書就會收，因此收集到許多充滿歷史氣息的古書。可是如今藏書空間不夠，也得考慮到成本問題，有時候也必須淘汰某些舊書，例如超過5年以上的財經書籍，但是淘汰掉的每一本書，對書店來說都是一個見證歷史的寶貝，也曾遇過某些客人來找被淘汰掉的書，更是讓店長哭笑不得。

圖4-23　藏書空間

歷史根基深厚　不怕被替代

　　走進店內馬上會發現許多老舊的文物，包括年代久遠的古地圖、老發票，像是海報一樣捲起來的書法及圖畫等。問起老闆如何在商業化的書店競爭下生存，他眉宇之間略帶驕傲地說，他們賣的是歷史啊。聊到「歷史」這件事情，雖然店內有些販賣物的售價確實並非太便宜，但老闆覺得那是它們應有的價值，因為一本與上海有關的書籍對也許一個來自對岸的軍官來說，是一種記憶，是一種回味的感覺，所以價格自然而然就不那麼重要了。這也是古今書廊至今仍屹立不搖的原因之一，因為文化是用再多經營策略都取代不了的。

書香氣息　穿越古今

　　談到那些固定會上門的老客人，因為附近是文教區的關係，大部分都是些博學多聞的教授、老師或知識分子，他們有時會趁著空閒來挖寶，有時是自己慷慨的割愛。為什麼他們會願意把書捐出來，而不是在自己家中「藏書千卷」？老闆欣慰的說，那是因為他們相信我們會好好珍惜那些書。

　　回家路上我們討論著店長的如此一番話，也許就是因為這種從早期社會傳承下來的信任，所以才能收到各種不同的珍貴書籍。歷史，也就是這麼穿越古今的吧。

評量：可看出在小記者採訪之前做足功課，能先充分理解被訪者的相關背景，並能將問題配合二手書店的變遷史貫穿一契，並進一步觀察分析相關資料，是一篇極佳的採訪文章。

㈢個人書籍之編輯與成書發表（見圖4-24～4-26）

圖4-24　成果發表

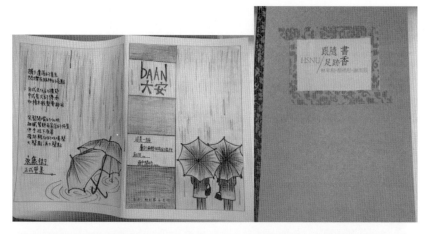

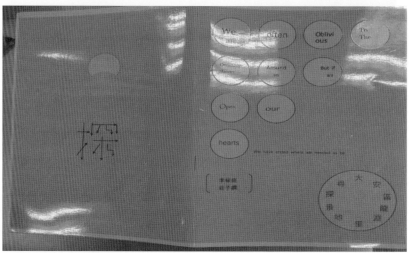

圖4-25 「後大安書寫」學生小書展示

圖4-26　「後大安書寫」新書發表＋師生評審會

㈣學生活動照片之網站陳列：（陳列於師大附中播課系統中的
　顧蕙倩老師部分）（見圖4-27）

圖4-27　師大附中播課系統中的顧蕙倩老師部分。陳列學生相關後大安書寫活
　　　　動照片。

㈤實施成效檢討

1. 學習方面

擬定「後大安書寫」來自環境變遷的反思，身爲語資班國文專題課程老師，「文字書寫」、「文創發表」與「社區互動」應爲本課程教材與教案的核心規劃。

在情感薰陶方面——以閱讀地景文學爲核心；在知性分析與邏輯歸納資料方面——以學習單、專題演講與引導學生了解環境相關議題來帶領學生具備獨立製作專題小論文的能力，至於體驗調查活動方面——則配合各組案例觀察採訪與研習，結合校外教學，最後再結合關愛行動——執行一個關愛社區的行動。

2. 成效

經過一學期按部就班地執行書寫計畫，對於大安區的情感，學生們逐漸從校園內走出校外，從只是繳交作業、認識大安文化到關愛大安區的過程中，已具體內化爲自身的能力。在書寫上能區分自然書寫、旅行書寫與城鄉書寫的差別，亦能大方地扮演小記者的角色，深入社區擔任採訪工作。身爲一個高中生，課業非常繁重，如何讓學生自然產生與社區互動的方式，著實是需要用心規劃的！來自聚焦於「環境變遷」的環境關懷，讓本計畫能夠著重於「反思」，也就是「後大安書寫」中「後」的意義！而學生們在活動中逐漸能領會身爲社區一分子，投入己身力量的意義！

3. 未來展望

藉著書寫，點滴的靠近，開始認識大安；點滴的認識，成爲關心大安。從收集資料－找尋問題－關懷校園心八景－採訪社區－自定採訪對象－自然書寫－城鄉書寫（記錄即將逝去的大安）……大安在變遷，書寫者也在變遷。

後大安，往事推移，每個書寫者成就了屬於自己的——後書寫青春。

　　因學生的成果仍需要時間逐一呈現，所以在未來將分幾方面來完成：

　　1.文創化與商品化：完成月曆、明信片、文創書籍的製作與推廣。

　　2.部落格與粉絲團的繼續更新。

　　3.參與「創藝。大安」公共藝術活動。

　　4.繼續完成「紀實文學」的小論文書寫與投稿。

　　本課程之從發想到實踐的過程非常感謝師大附中高中職「環境議題領域探究式課程」研發計畫—子計畫一：師大附中（3/3）之高瞻計畫創新課程（NSC102-2514-S-788-001）與103年社區均質化課程（102學年臺北市南適性教育永續資源均質化計畫　師大附中子計畫：體察設計思考——社區需求特色創新課程設計）給予指導與協助，特此感謝。

附錄1：後大安書寫自我回饋表

我是文青，大安○○○：後大安書寫

班姓名 ＿＿＿＿＿＿＿ 座號 ＿＿＿＿＿

1. 本組設定的主題為何？後來的設定主題又是什麼？堅持或更改的原因？
2. 你覺得本組研究的主題是否有其獨特的意義？立足點為何？
3. 經過這次的後大安書寫計畫，你發現了大安區擁有什麼資源？如何為大安區規劃品牌的獨特性？
4. 從收集資料→確定主題→採訪相關社區景點→書寫附中→書寫仁愛路→實地為主題設計採訪對象與內容→書寫二十年後的大安等過程，你覺得印象最深刻的步驟是什麼？請敘述原因與過程。
5. 承第三題，你覺得本組應該還可以加入哪些步驟以增加期末書面成果之呈現？
6. 經過這次的後大安書寫，你覺得大安區的目前特色為何？如果你是大安區區長，你會如何規劃未來十年的大安區發展？
7. 以本組的研究結果，你會如何向外國人介紹大安區的特殊性？
8. 略敘二十年後的大安。
9. 略敘本組必須完成的一本書成果之內容規劃。
10. 如果一鏡到底，你會怎麼拍攝嘆為觀止的大安區？

附錄2：後大安書寫小書發表會評分表

組別	美編設計 20%	編輯理念 20%	內容豐富 20%	圖文並茂 20%	未來想像力 20%	總分

評審老師（學生）

第五章

全球力：雙語玩文學，愛臺灣

課程設計者：臺南女中國文科　張馨云、英文科　林于婷老師
本案編寫者：臺南女中國文科　張馨云老師

一、前言

　　來到臺南，你會看什麼？

　　臺南名勝近年來往往被媒體商機的放大鏡一看再看看成了飲食、聚焦成了小吃，文化的聲韻漸漸渺渺於市聲。有賴「國立臺灣文學館」自2003年10月17日在府城開啟文學饗宴──「臺灣文學的內在世界」常設展，為酸、甜、苦、辣的日常之味，注入涓涓清流。「館校合作」這美麗的緣分，因為臺南女中的「近水樓臺」先提起了筆，一揮灑就寫了十年。

　　而「玩文學，愛臺灣」課程綜合這十年緣分，在天時、地利、人和三方條件俱足的情形下，開啟了緣分的新扉頁：

　　「天時」是剛好遇上與臺文館館校合作的契機，也剛好是南女在臺文館文學教育面臨課程設計的進階企圖。「地利」是臺南女中距離臺灣文學館只有十分鐘的步行路程，又臺灣文學館正是全臺第一間文學館。「人和」是我有國文科團隊的共同挹注，又有英文科林于婷老

師的心有靈犀，趣味相投，還有一群堪稱中、英文混血的文青小妞。恐怕沒有比這更剛好的事情，一氣呵成。

當然不只是一氣呵成，仍有許多該琢磨、經營的，比如「跨科合作」這件事。

在多數課程設計「號稱」跨科教學，實際只是沾醬油式的零碎、單點、片面講座點綴之外，我與英文科于婷的合作，是老實而亦步亦趨的「長期深耕」。「長期深耕」意味著學期開始前的暑假，我們倆幾乎是週週見面，天天約談，對於臺、美文學領域的分期，和中、英文二科領域內，希望小妞能夠得到的能力，都要不斷的想像發散、收斂檢討。也意味著，我們得互相觀課、切磋、不吝指正與鼓勵。所以，跨領域合作的課程，一定要先建立在跨科教師彼此長期穩定的溝通與信任。我們剛好欣賞彼此的專業自信，也喜歡彼此對於學生能力培育的野心，更疼惜彼此對於文學與教學及臺南在地的熱情，所以面對別人看似「只是翻譯」這件事，我們變得非常、非常謹慎。英文科于婷老師是這樣說的：

「翻譯──不只是將中文翻成英文的單向平行輸出，而是內化後產出的孕育。這不是語言、文字的單純轉換，而是歷史文化投射在文學中的水乳交融。」

於是我說：而導覽何嘗不是一種「微物關情，藉物起興」的轉譯？

于婷認為：「是翻譯之外，讓訪客循著我們精心安排的路徑，遨遊古今平行、山海錯綜、東西借位的人文之旅。」所以她導入了美國文學史，平行對照。我們設想如是：

在文學的認知方面，臺、美文學的兩相對照，不僅豐富學生對文學內涵的覺察與詮釋，更培養學生以宏觀的視角檢視歷史與政治對文

學發展的影響，以及文學有時獨立於前二者之外的日常細節逸出，進而珍視臺灣特殊背景所孕育的文學與文化。

在語言的表達方面，能清楚明確地提供來賓，文學館內展品相關資訊只是基本配備。我們追求的是有溫度、有趣味、有深度、有感情的面對面互動。因此，在互動裝置唸出林宗源的臺語詩〈搖孫仔〉時，小妞們能夠感受愛臺灣不只是口號，是面摶微光用心去疼（裯抱介）。在介紹吳晟的〈泥土〉時，孩子更能融情入樂，輕唱詩作旋律，甚至自作帶韻的英文歌詞……我們期許帶給國外友人的不只是白紙黑字的作品，而是充滿意象色彩的生命故事——是過往歷史對當代的回應，是當代對回憶的屢屢叩問，亦是對自己土地的了解與認同。

我們以為自己幻想著，但密謀讓全宇宙開花——摩拳擦掌的竊喜已經落實。兩年了，可為何我們的心情仍舊澎湃如春蝶翅翼啊？

二、十二年國教課綱圖（如圖5-1）

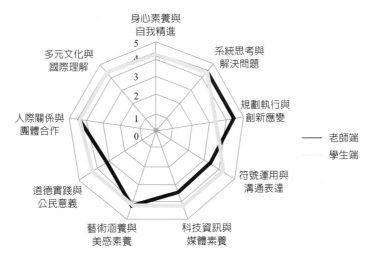

雙語玩文學，愛臺灣

課程名稱	老師端	學生端
身心素養與自我精進	5	5
系統思考與解決問題	5	5
規劃執行與創新應變	5	4
符號運用與溝通表達	4	5
科技資訊與媒體素養	4	5
藝術涵養與美感素養	5	5
道德實踐與公民意識	4	5
人際關係與團體合作	5	5
多元文化與國際理解	5	5

圖5-1　十二年國教課綱

三、十二年國教核心素養對照

核心素養	核心素養具體內涵	自我教案檢視
A1身心素質與自我精進 A2系統思考與解決問題 A3規劃執行與創新應變	U-A1提升各項身心健全發展素質，發展個人潛能，探索自我觀，肯定自我價值，有效規劃生涯，並透過自我精進與超越，追求至善與幸福人生。 U-A2具備系統思考、分析與探索的素養，深化後設思考，並積極面對挑戰以解決人生的各種問題。 U-A3具備規劃、實踐與檢討反省的素養，並以創新的態度與作為因應新的情境或問題。	U-A1：學生能在最後實際導覽時，依據個人的興趣與熱情所在，與小組協調願意自我負責的解說展品。 U-A2：學生可在小組協調時，依據小組特質進行整合，並於動態展示（唱歌、朗誦）文學展品時，能積極面對隊友與自己的問題，並即時救援。 U-A3：學生能在小組預定的動線之外，與他組進行時間微差異的空間驅避干擾臨機應變。並針對到館來賓提出的問題，給出合理而親切的回答。

核心素養	核心素養具體內涵	自我教案檢視
B1符號運用與溝通表達 B2科技資訊與媒體素養 B3藝術涵養與美感素養	U-B1具備精確掌握各類符號表達的能力，以進行經驗、思想、價值與情意之表達，能以同理心與他人溝通並解決問題。 U-B2具備適當運用科技、資訊與媒體之素養，進行各類媒體識讀與批判，並能反思科技、資訊與媒體倫理的議題。 U-B3具備藝術感知、欣賞、創作與鑑賞的能力，體會藝術創作與社會、歷史、文化之間的互動關係，透過生活美學的涵養，對美善的人事物，進行賞析、建構與分享。	U-B1：學生能看出臺灣文學館建築中的時代意義與價值。並將之化為當代語言，類比當代建築的符號象徵意義為來賓闡釋解說。 U-B2：學生能運用本校應屆參與的資訊融入教學HTC flyer平板計畫，將現場展品與線上的互動媒體，進行連結，協助導覽解說。 U-B3：學生具體描述互動裝置與文學展品之間的關係，並從互動裝置的藝術設計中，闡發其藝術、文學的雙關意涵。
C1道德實踐與公民意識 C2人際關係與團隊合作 C3多元文化與國際理解	U-C1具備對道德課題與公共議題的思考與對話素養，培養良好品德、公民意識與社會責任，主動參與環境保育與社會公益活動。 U-C2發展適切的人際互動關係，並展現包容異己、溝通協調及團隊合作的精神與行動。 U-C3在堅定自我文化價值的同時，又能尊重欣賞多元文化，拓展國際化視野，並主動關心全球議題或國際情勢，具	U-C1：①學生能透過「山海的召喚」感知臺灣多元族群行程的歷代原因，以及時空背景因素，了解臺灣人民的組成結構，進而對於歷史、轉型正義有更多的理解與包容。②學生能夠過「族群的對話」了解並體諒臺灣歷史、文化發展中，不同族群之間的競爭背景，以及磨合情感。進而對於多元文化產生真正的尊重與愛惜，擴大向世界各種文化的珍重與愛護。③學生能在「文學的榮景」中，看出華文、臺文在世界各地的延續與分化樣貌，並看見世界文學對臺灣本土文學的影響。 U-C2：學生能在現場的導覽解說之

核心素養	核心素養具體內涵	自我教案檢視
C1道德實踐與公民意識 C2人際關係與團隊合作 C3多元文化與國際理解	備國際移動力。	中，與同學、老師、館方、到館來賓行程良好的溝通，並尊重團隊紀律，準時上工，為社區服務。 U-C3：學生能了解臺灣文學內在世界常設展展品中，臺南文人的在地耕耘與努力，同時亦能了解美國文學作家對於美國文學的貢獻，並做東西文化的參差對照，了解東西文化的共榮共生之終極意義。

四、教案分享

(一)課程單元名稱：**雙語玩文學，愛臺灣**

(二)課程發展前言

1. 發展課程的想法

「玩文學，愛臺灣」為語資班國文專題研究課程之一，發展起始於國文科團隊已在一般班級耕耘一年之久的跨班跑班多元選修課程「玩臺灣‧文學」。而本課程以臺南女中語文類組的資優學生為固定班底，融合學生在中文、英文、資訊、歷史、公民等人文社會學科知識，以培養學生具備自我歸納與科際整合學問的能力，結合國文科、英文科教師的合作，發展成具有在地化、國際化雙重屬性的特色專題課程。

2. 與計畫整體目標的配合

本課程從帶領學生分組考察臺灣文學館的常設展品，並進行地圖式的系統性閱讀。並將系統性的閱讀內容，進行東西文化對照，東西

人文參差比對，進行「模擬導覽單」的同理設想情境書寫。

　　從自身就學場域開始認識周遭環境，進一步關愛思考臺灣文學的變遷軌跡，最後能選擇臺灣文學館常設展品中自己熱情的所在，記錄思考軌跡，並嘗試將紙筆的闡述轉換成實用的口語表達，或以穿越時空、或以吟唱朗讀、或運用適當的語言結構，配合展品內容、展區的互動裝置，將展品完整而有趣的呈現給到館來賓。

　　3. 課程實施辦法

　　本課程實施將以個人書寫與小組合作發表為主，將關懷「在地臺灣文學館藏」的人文精神，以科學的語言，歷史的關懷，以及服務社區的宗旨具體於寒暑假中實踐。

㈢教學對象：臺南女中106級語文資優班學生高一下學期

㈣教學時間：一學期，17週

㈤教材來源：跨科自編教材

㈥課程發展者：臺南女中國文科張馨云、英文科林于婷

　　1. 國文科團隊發展進程（見圖5-2）

解說導覽2014

展場引導2012

學習本2004

圖5-2　國文科團隊發展進程

2. 雙語玩文學，愛臺灣的進程（見圖5-3）

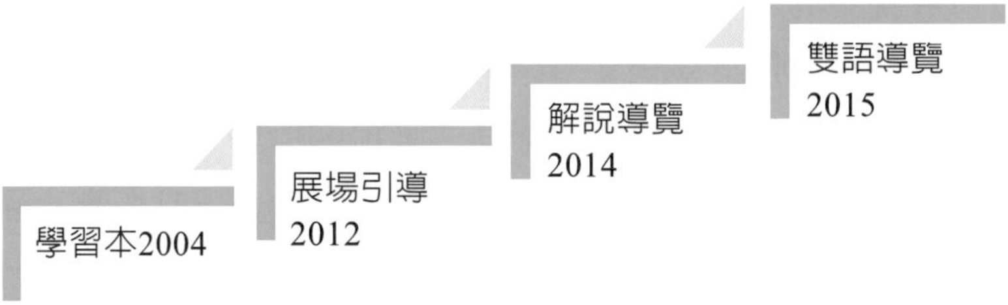

```
雙語導覽
2015

解說導覽
2014

展場引導
2012

學習本2004
```

圖5-3 雙語學習進程

⑴國文科馨云老師的拓展（見圖5-4）

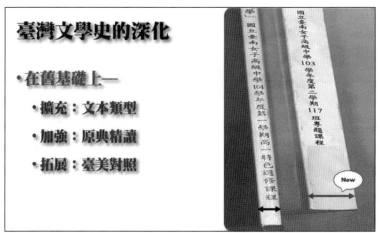

圖5-4 馨雲老師的拓展

⑵英文科于婷老師的發揚

臺灣文學與美國文學的相似性：

①皆曾為殖民地　②多元種族的共榮　③母國文學的承襲

④在地認同的崛起　⑤東西文化的混同交會

（七）學生先備知識分析

1. 臺灣文學館展品：升高一暑假已經完成「臺灣文學館學習手冊」，對於臺灣文學的內在世界常設展展品內涵、位置有概要性的了解。（見圖5-5）

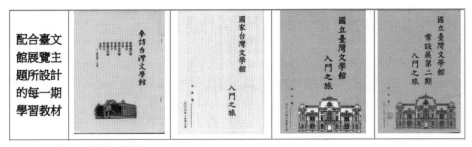

圖5-5　臺文館每期教材

2. 國文：已經學習高中國文第一冊：〈北投硫穴記〉，並對臺灣文學史的分期與內涵有概略的了解。

3. 英文：全班同學已經具備全民英檢中級的能力（或對應的多益檢定800分以上）

（八）學生學習能力分析

1. 具備臺灣文學史之分期與內涵有基本理解能力。

2. 具備臺灣文學館——臺灣文學的內在世界常設展展品有位置、內涵的粗略性了解能力。

3. 具備詮解、辨識臺灣文學館展品裝置藝術的基本品賞能力。

4. 具備向他人解說文學作品、流變的基本能力。

（九）課程目標

1. 秉持「在地國際化，國際在地化」完成一社區志工服務的「全

國高中唯一的雙語解說」：

一種理念——立足文學，觀東西文化的交會，融古今族群的對話，放眼國際的未來。

一種實踐——惟有對在地的了解與多元的關懷才能促進國際視野有效的開展，與文化的尊重。

2. 目標：

尊重而認眞的閱讀

同理而謹愼的書寫

自在而流暢的解說

快樂而熱情的服務

讓我們共同感受、體驗、分享與關愛文學的土壤，國際的文學。

(十)教學方式

雙語靜態課程、雙語動態模擬練習、文學走讀、實際導覽解說、分組報告。（見圖5-6）

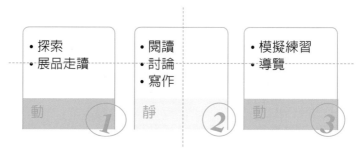

・探索
・展品走讀

・閱讀
・討論
・寫作

・模擬練習
・導覽

動　1　　靜　2　　動　3

圖5-6　教學方式

㈡評量方式

本課程的多元評量，依據課程進行的三大主題，以個人與團體評量同時並行，分別進行腳本寫作、分組討論、導覽解說三種類型的多元評量。

1. 個人評量

(1) 腳本寫作：中、英文模擬導覽單寫作

(2) 導覽解說：一分鐘短講

2. 團體評量

(1) 分組討論：學思達教學法

(2) 分組走讀：

①臺灣文學館建築美學走讀

②臺灣文學的內在世界常設展展區與展品走讀

③臺灣文學的內在世界常設展展區與互動裝置走讀

(3) 模擬導覽：於學期中，針對單一單元，進入臺灣文學館實施共三次的模擬導覽，分別為：

①「文學館美學」與「山海的召喚」單元一模擬導覽

②「族群的對話」單元二模擬導覽

③「文學的榮景」單元三模擬導覽

(4) 實際導覽：

於暑假104年7月1日～4日進行雙語的文學展品導覽活動。並為鄰近學校——家齊女中，設計暑期雙語交流的共學機制，由兩校老師共同協商，研發符合該校雙語實驗班學生程度的臺灣文學雙語學習單，進入臺灣文學館與臺南女中學生互動交流。

㈤課程發展架構

　　1.課程內容：配合臺灣文學館臺灣文學的內在世界展區，安排
　　文本分類：

　　　⑴老建築，新生命

　　　⑵山海的召喚

　　　⑶族群的對話

　　　⑷文學的榮景

　　2.週次安排：每五週一個循環

　　　⑴第1週：老建築，新生命

　　　⑵第2-6週：山海的召喚

　　　⑶第7-12週：族群的對話

　　　⑷第13-16週：文學的榮景

㈥教學模組

　　除去第一週「建築」，最後一週「實際導覽」之外，其餘採每五
週一個循環進行：

主題	教學模組	內容	作業	對象
雙語玩文學，愛臺灣	臺灣文學館建築走讀（第1週）2hr	1.認識臺灣文學館。 2.認識臺灣文學館的變身歷史。 3.認識建築師森山松之助。	1.自編教材中的臺灣文學館照片＋課堂簡述。 2.完成走讀指認。 3.能以臺灣地圖標示建築師森山松之助在臺灣的重要作品與位置。	高一至高三，均可

主題	教學模組	內容	作業	對象
雙語玩文學，愛臺灣	臺灣文學的內在世界（第2～16週）30hr	每五週一個循環： 1.走讀臺灣文學館展品 2.文本閱讀與深究之一 3.文本閱讀與深究之二 4.模擬導覽單撰寫 5.實地模擬導覽	1.課堂提問 2.自編教材學習單 3.模擬導覽單撰寫 4.分組動線安排 5.實際導覽口語表達	高一至高三，均可
	實際導覽（第17週）12hr	為暑假開始頭一週四天： 1.文宣、美宣 2.網路報名單位接洽 3.館校合作事宜協調 4.分組動線安排協調	1.現場接待 2.分場主持人 3.定點宣傳 4.導覽解說	

(盐)教材呈現

我們將臺灣文學館的常設展「臺灣文學的內在世界」導入語文資優班的專題選修課程，由老師引介中、英文作品時代背景，提出文本核心議題，再由學生分組討論分享，最後老師輔助深化與總結，充實文學底蘊。教室外，我們進行文學走讀，至臺灣文學館模擬導覽，熟悉展品，激盪創意，為實際導覽做足準備。透過導覽，更認識臺灣文學與在地鄉土，學習解讀與展現作品，將其推向社區甚至國際。

(圭)教案設計（學期）

【中文】

1. 文本閱讀

依據國立臺灣文學館布展的動線與時代分期，分三階段課程進行

教學。藉由豐富多樣的展品，進行或詳或略的導讀。同時，為了增強學生從閱讀轉化為雙語表達的熟悉度與順暢度，導讀方式輔以多元化的課堂評量，兼顧學習、思考、表達的練習。

2. 文學走讀、唱遊

於每三週課堂後，利用課餘以及綜合活動時間，至臺灣文學館熟悉展品。尤其思考互動裝置的啟動方式，搭配導覽講說，力求與展出的文學作品輝映生發。此外，針對文學作品朝向歌唱藝術的變形，以擷取段落、改編表演形式來呈現，除了增加臨場演譯展品的趣味性，又能得到學習的快樂。

3. 講稿撰寫、模擬實習

中文的講稿撰寫與批改乃由師生共同完成，偏重自主學習、小組互評、團體精進。集中鍛鍊文句講說的親切性與趣味，並協助導覽解說、文學宣傳的流暢度。於模擬實習時，可以從熟練度抬升向趣味、深入的表達。同時以中文為基礎鋪墊，著重輔翼英文解說技巧與能力。

4. 實際演練

於課程結束後，至臺灣文學館進行實際導覽，並邀請館方投入評分與觀察。除了要求團隊合作精神與紀律遵守，每個人需服務達至少12小時，得到館方與來賓認可，才能正式領取志工證書。此外，赴鄰近中小學擔任文學宣傳大使，製作符合中小學生得臺灣文學宣傳影片、戲劇。

5. 文化深耕

文學透過教育的深化與推廣而成為文化，培訓自己成為雙語導覽解說志工，也期許自己是一班文化種子。未來面對各類型的展品，都將以虔敬的心去觀賞、再三玩味。

【英文】

1. 美國文學導讀與討論

依據臺灣文學館常設展「臺灣文學的內在世界」之三大展區「山海的召喚」、「族群的對話」、「文學的榮景」，由老師選擇美國文學中具相似主題或特色之經典作品，透過課堂導讀及討論，帶領學生深入探究作品之歷史背景與時代意義，並與相對應的臺灣文學作品互做比較。課堂活動由老師先導入作品時代背景，提出文本核心議題，後由學生分組討論發表，再由老師輔助深化與總結。

2. 英語導覽講稿撰寫與實際演練

學生首先深入了解臺灣文學館展區文本，並熟悉展場作品配置之意義與動線，接著撰寫英語導覽之完整講稿，經過老師批閱、同儕佳作分享，並依據建議修改後，至臺灣文學館進行模擬導覽。模擬導覽不但是為了精進英語表達能力，更是為了學習針對不同觀眾群提供合適的講解，了解中英文導覽技巧與內容之差異。最後根據現場導覽效果及老師回饋進行多次修改並定稿，為正式導覽做充足準備。

關於教學目標與大綱、規劃理念與發展過程、課程內容與教材，詳見於下表5-1，依週次分單元，採每五週完成一個單元，並進入導覽的週期規劃：

表5-1　雙語玩文學愛臺灣課程教學規劃

週次	主題／進度	內容與教材說明（教師自編教材）	執行方法	教學目標
1	老建築，新生命	【臺文館外】馬薩式屋頂、虎眼窗、牛眼窗	1. 走讀學習 2. 四能學習（聽、說、讀、寫）	1. 認知：了解建築的基本專用詞彙。

週次	主題／進度	內容與教材說明（教師自編教材）	執行方法	教學目標
		【臺文館內】 1. 重鎚窗、tr磚、基腳 2. 建築師松山森之助 3. 臺灣文學館的前世今生	3. 資訊融入教學	2. 技能：能夠分辨臺灣文學館在建築上的特色點。 3. 情意：能欣賞臺灣文學館的建築之美。
2	山海的召喚——鯤島浮現、山海心靈	【鯤島浮現】揀選著重描寫臺灣原住民風俗文化的文本做重點精讀。例如：㈠得天之眷，選陳第〈東番記〉、㈡原初印象，選藍鼎元〈紀水沙連〉。 【山海心靈】則呈現旅臺文人對臺灣的采風紀錄以及遷臺文人的故鄉之思：前如高拱乾〈臺灣八景〉、梁啟超〈竹枝詞〉；後如余光中〈鄉愁四韻〉。	1. 自主學習 2. 拼圖式分組 3. 文學唱遊 4. 學思達PISA提問法	1. 認知：了解早期臺灣原住民各族的多元文化。 2. 技能：能分辨早期臺灣特殊地景與風情。 3. 情意：感受渡臺文人的多元心靈。
3	山海的召喚——摹寫山海	從本土作家吳晟〈泥土〉、原民作家亞榮隆·撒可努〈走風的人〉了解不同文化視野下的臺灣自然風情，加上廖鴻基〈黑與白〉的海洋書寫，形成動靜互文的自然寫作對照。	1. 自主學習 2. 拼圖式分組 3. 文學唱遊 4. 學思達PISA提問法	1. 以認知入情：了解臺灣自然書寫迥異的視野，透過本土閩人的農作看土地，以及原民獵人觀風聲豹突，可見人與土地的親密情感連繫。

週次	主題／進度	內容與教材說明（教師自編教材）	執行方法	教學目標
				2.由情感發，識別文章對比技巧：從廖鴻基的文章看見人世與海洋的對比立場，應對態度，進一步能運作對比技巧，解析文章的深刻哲理。
4	Call of the Mountains and Seas—Adventure Literature	1.文本——移民與探險文學 (1)A Brief and True Report of the New Found Land (1588)	1.教師引導 2.個人自學 3.小組共學 4.提問與發表教師統整（MAPS翻轉教學法）	1.認知：了解早期美國與臺灣同為新興探險地時之風土民情。 2.技能：能閱讀初期發展尚未成熟的英文並自行統整建構文意。
5	Call of the Mountains and Seas—Adventure Literature	1.文本——移民與探險文學 (2)A True Relation—Narratives of Early Virginia (1608) 2.導覽講稿修改		3.情意：感受新大陸原住民族與拓荒旅人面臨變化之多元態度與心靈，並與中文作品互做對照。
6	模擬導覽㈠	至臺灣文學館針對第一展區進行現場雙語導覽	三人一組合作，針對第一展區，以國文老師、英文老	透過模擬導覽熟悉展場作品與動線，並熟記導覽講稿。

週次	主題／進度	內容與教材說明 （教師自編教材）	執行方法	教學目標
			師、他組同學為對象，進行現場雙語導覽各9分鐘。	
7	族群的對話──競生與磨合	從文本〈勸和論〉到《臺灣七色記》，做今昔臺灣族群衝突的主要閱讀思辨文本，輔以賴和〈一桿稱仔〉、林海音〈蟹殼黃〉到楊華《黑潮集》詩節錄，呈現臺灣從各族的生存之爭，到文化覺醒的路徑，最後會集於各族語言交混，乃至外文西語參雜，呈現臺灣由紛爭邁向混聲合唱的多元文化。	1.自主學習 2.拼圖式分組 3.學思達 　PISA提問法	1.認知：了解臺灣各族文化特色與需求，以及彼此為求生存而產生的矛盾衝突。 2.技能：能找出文本重點，擷取檢索重要資訊，並能發展解釋文本情節的因果邏輯。 3.情感：能透過省思評鑑，重新檢視臺灣當今或被過度操弄的族群議題。
8	族群的對話──共生與綻放	── 我手寫我聲：經由臺文館APP聆聽學習林宗源〈搖孫仔〉、杜潘芳格〈紙人〉、娃利斯‧羅干〈泰雅腳蹤〉的閩客原住民語唸誦，感受各族群文人對臺的疼惜、憂心。 ── 家族書寫：以陳玉慧《海神家族》節錄文章，介紹家族文	1.自主學習 2.拼圖式分組 3.學思達 　PISA提問法	1.認知：了解各族群對於所生所長的臺島共同關注的焦點。 2.技能：(1)能找出文本重點，擷取檢索重要資訊，並能發展解釋文本情節的因果邏輯。(2)能了解

週次	主題／進度	內容與教材說明（教師自編教材）	執行方法	教學目標
		本如何透過父系母系族群追索，重新建構主體自身，進而反省歷史糾結。 ──「我們」的文學：透過齊邦媛《巨流河》節錄文章，了解寬闊的文學觀，走向國際觀的文學視野。		唸誦與歌唱的特色風情。 3.情感：透過各族群語言的唸誦、閱讀，感受各族群懷抱的關懷與熱情。
9	Disparate Dialogue—Competition and Coexistence	1.文本──競生而後共生 ⑴Narrative of the Captivity and Restoration of Mrs. Mary Rowlandson (1676) ⑵Chief Logan's Lament (1774)	1.教師引導 2.個人自學 3.小組共學 4.提問與發表 5.教師統整（MAPS翻轉教學法）	1.認知：了解當時各族群衝突背後的歷史與政治因素，及各種文化、生活背景、意識形 2.技能：能在閱讀過程中快速且清楚地理解作品意涵，並將自身融入，嘗試分析與詮釋作品文句，評論經典作品的時代意義。 3.情意：體認文學、文化乃至個人生命與家國，都是透過各種樣貌與價值互相拉扯和對話的自覺過程而建立並臻

週次	主題／進度	內容與教材說明（教師自編教材）	執行方法	教學目標
10	Disparate Dialogue— Cooperation and the Bloom of Diversity	1.文本——競生而後共生 ⑴Letters from an American Farmer (1782) ⑵Incidents in the Life of a Slave Girl (1861) 2.導覽講稿修改		成熟，且中外皆然。由文學的發展出發，轉而檢視家國與個人的發展歷程。
11	模擬導覽㈡	至臺灣文學館針對第二展區進行現場雙語導覽	三人一組合作，針對第二展區，以國文老師、英文老師、他組同學為對象，進行現場雙語導覽各9分鐘。	透過模擬導覽熟悉展場作品與動線，並熟記導覽講稿。
12	文學的榮景——感受現代、性別書寫	【廣納思潮】臺灣自五〇年代起受到西方現代思潮的刺激，焦點鎖定臺灣三大詩社：現代詩社、藍星詩社、創世紀詩社，以及本土代表笠詩社。而城市之光則以展品朱天文《世紀末的華麗》、邱妙津〈離心率〉為選讀文本。從西風移轉、現代喧譁中，回到本土在地的文學——吾鄉吾土，選洪醒夫〈吾	1.自主學習 2.拼圖式分組 3.文學唱遊 4.學思達PISA提問法	1.認知：認識百花齊放的現代、後現代作品。 2.技能：能從百花齊放的作品中辨識各個文學流派的文學主張，與代表作品殊異的風格。 3.情感：感受作家群對於現代社會經濟取向的社會風氣之

週次	主題／進度	內容與教材說明（教師自編教材）	執行方法	教學目標
		土〉作為閱讀起點，轉向吳晟〈我不和你談論〉對自然環境、土地的關懷。由此篇作品銜接【自然寫作】，介紹劉克襄手繪大錦蘭種子及其詩作。然後是近代自然寫作典範吳明益〈石塊鳳蝶〉揭開了經濟與自然間的矛盾探討。【性別書寫】分成女性文學、青春正盛、情慾書寫、性別越界四個區塊組成。透過文本及論文的交叉閱讀，更深入了解性別書寫所呈現的家庭、政治、教育等問題與焦慮，並討論文學家們提出的可能對峙方法與批判精神。		控訴與檢討，從而能夠反思土地、萬物與人之間的意義與關聯。由性別書寫中看見各種女性的形象，從而關注自己可能創造／趨避的路徑。
13	1.文學的榮景 —— 面向世界 2.老建築，新生命	主要以華文的跨時、空兩大分布來介紹展品，課程也依此劃分： —— 依據跨空間而設計的課程有「華文在臺灣」，囊括在馬（來西亞）、在港、在上海的作品舉隅，分別以黃錦樹論文、	1.自主學習 2.拼圖式分組 3.數位行動教學 4.實地踏查走訪 5.學思達PISA提問法	1.認知：(1)認識華文的範疇與定義。(2)了解臺灣文學館的建築歷史與建築工法、特色。 2.技能：(1)能從各地華文作品中，分析臺灣

週次	主題／進度	內容與教材說明 （教師自編教材）	執行方法	教學目標
		西西《我城》、張愛玲〈中國的日夜〉為代表。 ── 同時跨時、空的則是「數位新世界」，介紹陳黎、蘇紹連的超文本網站。 ── 老建築，新生命：先透過文本的照片，及臺文館網頁上的詳盡圖檔，作建築的基本認識，然後實地至臺文館踏查，由老師設計學習單。		文學的淵源與流變，並辨別各地華文的自成一脈，與關注焦點。(2)能辨識臺灣文學館的建築特色，並且能解說建築風格與工法。 3.情感：能關懷國際局勢，也能珍視本土文學發展，更能關懷自己經過的一磚一瓦。
14	Literature's Bright Future ── Perceiving Modernity	1.文本──感受現代 ⑴Rip Van Winkle (1819) ⑵The Old Oaken Bucket/ Woodman, Spare That Tree (1818/1830) ⑶Up the Coulee (1891) ⑷Civil Disobedience/ Walden (1849/ 1854)	1.教師引導 2.個人自學 3.小組共學 4.提問與發表 5.教師統整（MAPS翻轉教學法）	1.認知：認識社會議題對文學創作的影響力，並透過文學作品重新省思當代人類的困境與挑戰。 2.技能：⑴不僅能讀懂文本字面意涵，更能深入作品欲傳遞的訊息，融入個人生活經驗加以詮釋或回應。⑵認識數位科技在文學作品上的應

週次	主題／進度	內容與教材說明（教師自編教材）	執行方法	教學目標
15	Literature's Bright Future — Gender Streams/ Digital Age	1. 文本——性別書寫／數位時代 (1)The Storm (1898) (2)Public Secret (2009) 2. 導覽講稿修改		用，欣賞並分析文學進入數位時代後的質變。 3. 情感：體認文學與自然、文學與社會、文學與自我的一體性，認識文學發展的歷程，也開始個人發展之旅。
16	模擬導覽㈢	至臺灣文學館針對第三展區進行現場雙語導覽	三人一組合作，針對第三展區，以國文老師、英文老師、他組同學為對象，進行現場雙語導覽各9分鐘。	透過模擬導覽熟悉展場作品與動線，並熟記導覽講稿。
17	實際導覽	1. 時間：暑假頭一週週一到週四 2. 地點：臺灣文學館建築、臺灣文學館——臺灣文學的內在世界常設展展區 3. 活動：動態實際導覽	每十人為一個大組，進行四區的動線布局與臨機應變，遇到需要肢體表演的詩歌朗誦時，隨時能立即合體表演。	透過實際導覽，找到自己的舞臺，並能在與到館來賓的互動之中，完成社區服務、文化傳承、國際交流的貢獻。

㈥教案設計（單週舉隅）

　　以第十週「文學的榮景」模擬導覽課程為例，說明如下：

1. 使用自編教材（見圖5-7～5-9）

採用中文、英文老師自編教材進行教學，配合臺灣文學館的常設展：臺灣文學的內在世界，進行編寫，內容以文學理論、文本舉隅、文本賞析三部分為各單元編輯架構，再依據山海的召喚、族群的對話、文學的榮景、附錄文學館的建築為四大單元分章分節，下細分小節。

圖5-7　自編教材封面　　圖5-8　臺灣文學教材目錄　圖5-9　美國文學教材目錄

2. 課程大綱與內容（見表5-2）

表5-2　第十五週課程大綱內容

週次	主題／進度	內容與教材說明（教師自編教材）	執行方法	教學目標
15	模擬導覽（三）	至臺灣文學館針對第三展區進行現場雙語導覽	三人一組合作，針對第三展區，以國文老師、英文老師、他組同學為對象，進行現場雙語導覽各9分鐘。	透過模擬導覽熟悉展場作品與動線，並熟記導覽講稿。

3. 第三次模擬導覽 細節規劃

(1)日期：2015年6月18日

(2)地點：臺灣文學館

(3)規則說明：

①模擬導覽時，每人4分鐘，基本上每組不可超過40分鐘，時間到立即停止。

②準備時間時，每位組員在指定的展品內，與同組討論動線與流程。

③準備時，各組要預先分配好：

a.時間流程；b.導覽銜接的流暢度；c.組員間一搭一唱的配合。

④唱歌還要介紹作品，可能需要更長的時間，組間必須協調！

⑤各組接力完成。請熟練內容，現場會攝影錄音，導覽「不可」看稿。

⑥此次評分成績以「個人」爲主，但組間分配仍牽涉個人的合作能力成績。

⑦此次搭配爲最終搭配，除去不參加的兩位同學外，其餘都會在7/4中午前結束全部導覽。

(4)流程：如下表5-3

4. 導覽展區總說（見圖5-10）

說明：由於已經進到第三次模擬導覽，距離暑期的實際導覽時間緊迫，所以詳列三次展區中重要的展品與互動裝置，便利同學檢核、規劃自己小組的動線與導覽順序。

表5-3　第三次模擬導覽流程規劃

14：20~14：35	校門出發→臺灣文學館（藝文大廳） 帶導覽所需用品（手機、平板、導覽單）
14：35~15：00	請各組確認導覽物件，熟悉動線、設計走位、略作排演再三。
15：00~17：00	模擬導覽開始→分中文（40分鐘）、英文（40分鐘）三大組，每人4分鐘，時間到即停止。
17：00~17：10	返校或直接在臺文館放學

附錄：舊建築新生命

展品	裝置藝術（主要）	行動藝術
展品就是建築本身，建築本身就是裝置藝術！	A. 左：解說影片② B. 左：架高地板③ C. 右最內：牆壁五層④ D. 右：重錘式窗戶⑤ E. 右：S、R紅磚⑥ F. 在山海的召喚裡面：地樑與基腳⑦	甲、　臺文館正片梁柱 乙、　馬薩屋頂照片 丙、　牛眼窗、老虎窗照片 丁、　地樑與基腳照片

第一區—山海的召喚

展品	裝置藝術	行動藝術
1. 鯤島浮現： (1) 得天之眷：東番記⑧	A. 山海觀景窗、地板	甲、　歌：鄉愁四韻

圖5-10　導覽展區總說截圖

5. 導覽展區分配（見圖5-11）

說明：依據三大展區，一建築美學共四大單元，分成四大組，每一組9～10人，鎖定裝置藝術的熟悉度，以及對於文本解說的擷取重點能力，進行模擬導覽測驗與練習。起始時，會給所有學生約10分鐘的時間，各小組熟悉講解導覽動線，互相協調分配。

圖5-11 導覽展區分配表

6. 模擬導覽評分（見表5-4）

說明：主題是「文學的榮景」，但子題則依據個人的導覽解說分配表而有不同，所以由導覽解說的學生介紹自己的展區後，由評分者臨場填入。填寫後，直接交給學生回饋與建議。

表5-4 第三次模擬導覽評分表

主題／子題	評審筆記	時間
文學的榮景／		
評分項目	所得總分數：	
1.語音（發音、語調、語速）	10%	
2.臨機應變（回應來賓、改變動線）	20%	
3.內容（結構、詞彙）	20%	
4.互動設計（引導看展品、提問）	20%	

主題／子題	評審筆記	時間
5.時間掌握（不獨占、不偏袒）	10%	
6.臺風（儀容、態度、互動）	20%	

7.師生互動情形

(1) 中、英文教師互動

說明：由於我們的單元以每五週爲一個循環，其中每兩週就交替一次臺美文學的文本參差對照，所以除了課堂上互相入班參與，中文與英文老師共同協力塡寫雲端教學紀錄，以作爲彼此的回饋與參照，詳見下面的對話文字節錄：

馨云老師（節錄1）

這一週上了14頁的講義，除了最後席慕蓉的〈走馬〉沒有上到之外，其他幾乎都在課堂上讓孩子自學。比較拖到時間是一開始講解課程的進行方式，以及修正「開場白」講法。

開場白：孩子整理資料後講開場白時，會講得太過文言，往往忘記他自己是解說者，他看過的內容，聽眾沒有看過。修正方式是，我在黑板上設定了四種年齡層的對象：成人、同齡男生、小學生、鄉下來的阿伯阿嬤（需使用臺語）。要他們發言前，先說明自己設定的對象。其中，黃○亭的表現特別好，搭配許多肢體動作。而康康的陳述簡潔有力，而且結構清楚（將資料倒回來講）。

歌唱：余光中〈鄉愁四韻〉全班基本都會唱第一段了，下週希望再驗收一次。

馨云老師（節錄2）

白熱化的課堂：討論杜潘芳格的紙人時進入爭辯，甚至直接對同學的說法表達不滿，最後還質疑老師的加分制度無法評鑑同學說詞的好壞。非常激烈，真的超可愛的！

分組學習：今天用撲克牌分組，變成三大組，每組九人，卓媛、盈玓、怡婷請假。第一節是三大組拼圖式學習，每組五分鐘準備講法（閱讀的部分已在前天交代），然後上臺每組十分鐘為同學摘錄重點，補充資料，採師生共同評量法，完成2-1的競生與磨合。第二節還是分三大組，做分組搶答，只做到2-2海神家族。就是在杜潘芳格遇到激辯的（大心）。課後孩子說喜歡分大組，因為加分比較多，哇列！下一次，我想真正實現學校咖啡館的學習設計！（抃）

于婷老師（節錄1）

授課主題：16世紀末17世紀初的美國殖民文學（第一篇）。

授課內容及步驟：1.說明介紹美國殖民文學的目的及殖民時期美國文學與臺灣文學可相對照之處。 2.介紹文本作者及文本的歷史背景與基本架構。 3.因文本年代久遠，使用之英文與當代英文在拼字及文法上有些許不同，故要求學生先閱讀文本第一部分，透過小組討論找出16世紀末英文的拼字規則與範例，以利之後閱讀流暢度（大家反應出乎意料地熱烈，也很快找出舊時代英文的拼音規則，令人激賞！）。 4.為節省課堂上文本閱讀的時間，將文本重點切分為四大塊平均分配給8組，1、3、5、7組分別負責第一、二、三、四段的大意解說，而2、4、6、8組分別負責帶領大家畫第一、二、三、四段的重點句子（小烏魚在畫重點的時候很有老師風範，還要求大家準備一枝紅筆一枝藍筆區分最重要與次重

要句子，這……會不會有點控制狂？而且同學們乖乖照做了~XDDD）。

授課反思：1.時間沒控制好，所以步驟4只有第1、2組完成，其餘組別就請大家到FB班網上報告啦~ 2.終於可以整節課都不上傳統課本，感覺真棒~ XDD

于婷老師（節錄2）

授課主題：16世紀末17世紀初的美國殖民文學（第二篇）。

授課內容及步驟：1.利用三個問題讓學生review上週的文本，以組別為單位回答，第一輪8組都必須回答到其中一題，第二輪開放2組bonus time。

Q1: To you, what is the most impressive part of the work? Q2: After reading Hariot's work, will you colonize the land? Why or why not? Q3: Do you think Hariot's work can be called "a literary work"? Why or why not?（這個部分我最喜歡大家對第三題的討論，在第一輪回答的時候，Neniz的組別對文學作品的定義是包含stories和emotions，Sylvor的組別說文學作品應該creative和imaginative，所以兩組都不認為第一篇文本是文學作品，Jill那一組說只要we can learn something from it就可以當作文學作品。第二輪回答更有趣，Artemis說文學作品的定義不應該局限於文章形式或內容，而是要看它有沒有convey a meaning，她認為第一篇文本沒有任何meaning所以不算文學作品。這時候Jill跟Angelina提出反對意見，她們認為第一篇文本convey important historical and cultural meaning and show the British perspectives on the Indians at that time (Chauvinism) 所以應該視為文學作品，我很欣賞這樣的辯論和火花，可以上這樣的課有夠開心～延續這個話題，我們討論了什麼叫作meaning，發現meaning本身

就是個很多元也很主觀的字眼，就如同我們對文學作品的定義一樣，我們還提到了國文專題文本裡的〈水經〉，有些同學認為第一篇文本就像〈水經〉一樣，只是記錄作者所見所聞，提供知識而已。）2.介紹文本作者及文本的歷史背景與基本架構。 3.為節省課堂上文本閱讀的時間，將文本重點切分為四大塊，平均分配給8組，1、2，3、4，5、6，7、8組分別負責第一、二、三、四段的故事說明。第一階段各組先閱讀文本，接著討論出故事大意，以第一人稱的角度重述該段故事並寫在學習單中。第二階段把組別打散，每個人帶著自己1/4的故事去找其他3/4（負責不同段落的其他三位同學）拼湊成完整故事。第三階段回到小組，完成學習單中每一個段落的故事重述。（看學生搔頭討論的樣子一整個很有趣XD，因為大家一開始都只知道一部分的故事，都快被搞瘋了，最後拼成完整的故事大家才恍然大悟的驚呼～）

　　授課反思：1.時間還是沒控制好QQ，學生沒時間完成步驟3的第三階段，一樣要請學生課後完成，問題討論也未能全部完成～ 2.結果這兩週都只能著重在文本，還沒能讓她們把導覽稿子中翻英啊啊啊啊～～～又變成課後作業了……3.之後就可以要求學生事先閱讀文本了，希望可以對時間掌控有所幫助……還要想個法子確認大家都有讀文本才行～

　　以及，網路表單截圖（見圖5-12～5-13）：

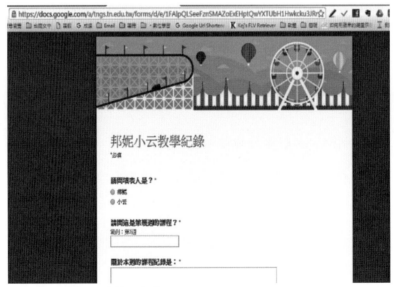

圖5-12　中英文教師互動教學紀錄⑴

圖5-13　中英文教師互動教學紀錄⑵

(2) 學生的回饋與建議

說明：於整學期課程與暑期雙語導覽結束後，讓學生錄製、填寫心得感想。

圖5-14　學生回饋表QR

①學生回饋表單：https://goo.gl/Xa0lIW（或手機掃描圖5-14的QR code）

②回饋表單細部節錄（見圖5-15～5-16）：

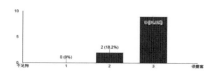

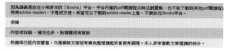

圖5-15　學生回饋表細部之一：講義內容

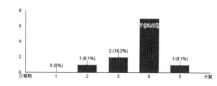

圖5-16　學生回饋表細部之二：模導單助益

③課程與活動滿意度（見圖5-17）

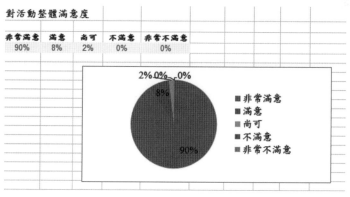

對活動整體滿意度				
非常滿意	滿意	尚可	不滿意	非常不滿意
90%	8%	2%	0%	0%

圖5-17　課程與活動滿意度

8. 行政與學校：經費支援、公文往返

說明：學校運用104年度高中優質化領航計畫進行課程與活動的經費相關補助，大部分的經費多使用在印刷類，主要為講義、教具材料製作，以及實際導覽時所需要宣傳的文宣品項。這也是本課程「唯一」的經費來源（見圖5-18～5-19）。

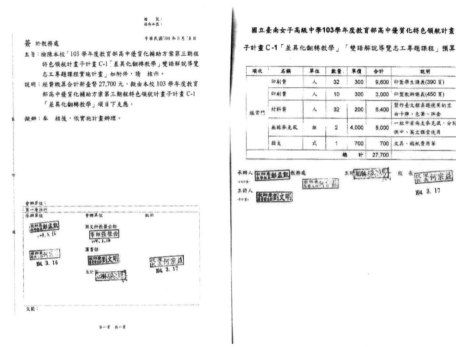

圖5-18　學校支援：計畫簽呈　　　圖5-19　學校支援：計畫經費

9. 相關支援系統

(1) 家長支援系統

說明：家長對於學生雙語導覽服務的支援主要集中於暑期的實際導覽，例如：文宣品的發布，以及運用飯店經營的相關人脈，向補習班、海外華裔子弟暑期營隊、飯店外賓等宣傳活動。讓來到臺南的嘉

賓不再只是向「小吃」看齊，而能朝臺南在地特有的文化館藏邁進腳步。

(2) 社區支援系統

①臺灣文學館館校合作

說明：臺灣文學館熱烈歡迎本校學生於暑期前往導覽，然而本校雖自2013年起即有暑期至臺文館擔任展品解說志工的活動，但語言僅限於中文。2015年暑假，本資優雙語專題選修課程正式進入臺文館，引起臺灣文學館館方的重視，在學生模擬導覽時，乃至實際導覽前後，都派出極具雙語能力的館方人員，一邊跟隨一邊於事後給予回饋與指導，更於導覽結束後，發給本選修班級學生每人一張專屬的，也是「全國唯一」的高中生「雙語解說導覽志工證」，並邀請本班中、英文教師至臺灣文學館分享雙語導覽解說的課程設計與指導心路歷程──文學小沙龍（104年4月10日晚上七點），詳見圖5-20～5-21：

圖5-20　臺灣文學館文學小沙龍新聞稿

圖5-21　臺灣文學館「全國唯一雙語導覽解說志工證」

　　②友校雙語導覽暑期活動協作回饋

　　說明：協助製作鄰校家齊女中雙語實驗班學生暑期至臺文館聆聽雙語導覽的雙語學習單，並與其中、英文教師討論調整學習單內容（見圖5-22）。

㈦作業或評量

　　本課程的多元評量，依據課程進行的三大主題：山海的召喚、族群的對話、文學的榮景，個人與團體評量同時並行，分別進行腳本寫作、分組討論、導覽解說三種類型的多元評量。

Fall in Love with Taiwan Literature
Bilingual Museum Guide

Place: National Museum of Taiwan Literature
Time: 2015.07.01-04 11:00-11:40/ 16:00-16:40

> Please preview the questions on this worksheet before you listen to the museum guide and try answering them after you have a closer look at these precious literary works.

Old Architecture, New Life (老建築 新生命)
Q1: What's the building you are standing in now used to be in the past?
Q2: What are some special designs or elements you can see in this building and what are their functions?
Section I: Call of the Mountains and Sea (山海的召喚)
Part I Kraken Island Rising (鯤島浮現) Q3: What do the three pieces of big arched glass and the transparent floor with blue light symbolize?
Q4: What are some interesting facts you learn about the aboriginals from 東番記 or 紀水沙連?

圖5-22　跨校雙語學習單截圖

1. 個人評量

(1) 腳本寫作：中、英文模擬導覽單寫作

　　依據每個單元的性質與內容的不同，學生需依據展品的動向與空間分布進行模擬導覽的腳本寫作，為實際導覽的到來做充足的準備。故而在此階段，遇到文學作品有改編成歌曲的，導覽時需要引用的名言佳句，乃至文學作品中自然書寫所提及的鯨豚及蝴蝶，都需要學生自學去找出相關輔助的照片，並標記在模擬導覽單上，如圖5-23～5-24：

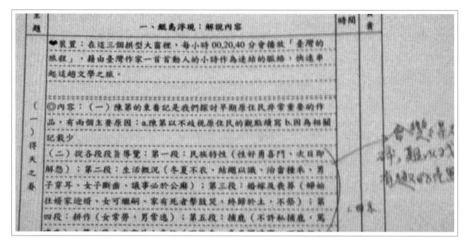

圖5-23　中文模擬導覽單（學生運用雲端平板線上撰寫模導單）

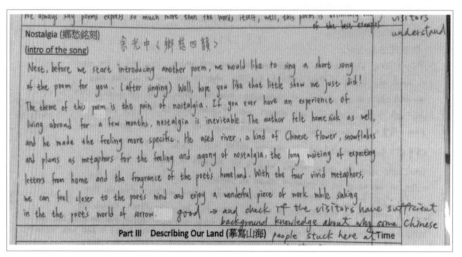

圖5-24　英文模擬導覽單（學生手寫模導單）

(2) 導覽解説：一分鐘短講

　　説明：學生必須在課堂文本的導讀與小組共備自學後，於課堂上規劃在一分鐘內短講展品，甚至必須運用行動藝術進行詩歌朗誦，由

它組同學提出回饋與建議。

2.團體評量（見圖5-25～5-26）

(1)分組討論：學思達教學法、MAPS翻轉教學法

說明：採Mind Mapping、Asking Questions、Presentation、Scaffolding Instruction四種交錯進行的步驟實施教學。主要在訓練學生學習、思考、表達，進而能夠發展學生的自主學習能力，期能讓學習成爲life-learner。

影片網址：https://goo.gl/XAj4OJ（光碟附檔：影音檔05.文本教學：分組共學）
圖5-25　分組自學共備短講　影像截圖，圖5-26　分組討論　影像截圖

(2)分組走讀

說明：主要在課程初期執行，使用時間爲班週會，以改變教學方式進行，目的在使學生熟悉展品位置、動線設計、互動裝置的操作，實施三次，主題如下：

　　①臺灣文學館建築美學走讀
　　②臺灣文學的內在世界常設展展區與展品走讀
　　③臺灣文學的內在世界常設展展區與互動裝置走讀

(3) 模擬導覽（見圖5-27～5-28）

說明：於學期中，針對單一單元，每四週文本熟讀後，於第五週進入臺灣文學館進行模擬導覽，導覽表現列入實際課堂分數依據，評分對象為就讀鄰近大學的語文資優班學姐，以及國文、英文科熱情協助的教師，內容分別為：

①「文學館美學」與「山海的召喚」單元一模擬導覽

②「族群的對話」單元二模擬導覽

③「文學的榮景」單元三模擬導覽

圖5-27　英文老師向學生說明　　　　圖5-28　學生模擬導覽（文學的榮景）

(4) 模擬導覽評分注意事項（見圖5-29～5-30）

實際導覽：於暑假104年7月1日～4日進行雙語的文學展品導覽活動。並為鄰近學校——家齊女中，設計暑期雙語交流的共學機制，由兩校老師共同協商，研發符合該校雙語實驗班學生程度的臺灣文學雙語學習單，進入臺灣文學館與臺南女中學生互動、交流。

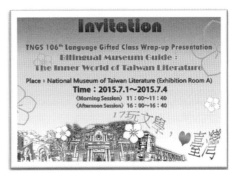

圖5-29　實際導覽邀請卡（左中文、右英文）

圖5-30　實際導覽開場與代理校長何宗益合照

㈥實施成效檢討

1. 課程達成度與自我檢核

　　說明：本表目的在自我檢核這一個學期的預期目標，與實際執行效益間的對照，故盡量採用量化分析，相關數據都有志工證明以及課程簽到紀錄作為考核依據。見表5-5：

表5-5　課程自我檢核表

活動名稱	雙語玩文學，愛臺灣	執行情形	國文科、英文科跨科合作，設計語文資優班雙語資優專題選修課程，依據學思達教學理念，增強講稿撰寫能力，以及口語表達能力，中文、英文雙語並行。並結合在地社區資源——臺灣文學館，於暑假104年7月1日～4日進行雙語的文學展品導覽活動。並與鄰近學校——家齊女中雙語語言實驗班學生，進行暑期雙語交流、學習單共備等活動。
活動目標	㈠強化學校創新改革，以增加學校多元風貌。 ㈡學生能自主學習、交互分享。 ㈢能與在地資源結合。 ㈣學生能透過模擬實習，修正、增強口語表達能力。 ㈤學生能實際雙語導覽臺灣文學，並取得證照。 ㈥學生能比較中西方文學敘事的差異。 ㈦學生能於實際解說導覽中，保有國際觀、禮貌。 ㈧學生能對族群的多元性差異，產生同理心、包容心。 ㈨配合本校HTC行動平板計畫，師生能於雲端活化課程與學習。	受益對象	預期 ㈠能完成中文、英文模擬導覽單。 ㈡能團隊合作，規劃導覽動線。 ㈢能臨機應變，與他組協調導覽空間分配、音量，甚至合作。 ㈣通過暑期臺灣文學館雙語認證志工認定，實際導覽每人達12小時以上。
			執行 參與語文資優專題選修的同學，全體通過暑期臺灣文學館志工導覽認證，實際導覽時數達到20小時。
整體評估	實施效果極佳，由於家長資源的協助投入（比如至成大華語中心宣導、至飯店宣傳引薦等），以及友校家齊女中的暑期跨校合作，讓本班的實際雙語導覽時數都超過12小時，有一組10人，甚至因為機緣，實際導覽時數達到20小時。 　　而文筆書寫的模擬導覽單，透過團體分享以及公開互評的機制，讓全班的分數從70～95分的差異，拉近成85～95之間。故而，教學目標完成率超過95%。		

2. 課程特色與建議

(1) 創意與特色

①學生能自主學習、交互分享。

②課程學習與在地資源結合。

③實際雙語導覽臺灣文學，並取得證照。

④配合本校HTC行動平板計畫，師生能於雲端活化課程與學習。

(2) 得與友校教師分享之處

①與家齊女中合作「暑期雙語導聆學習單」

與鄰校家齊女中合作研發暑期雙語導覽聆聽學習單，促進兩校之間學生與學生、及中、英文教師與教師之間的積極正向互動。

在互動過程中，兩校學生程度即使略有差異，但主要與是否受過臺美文學史課程的訓練有關聯。因此透過暑期雙語導聆學習單的協助，希望能與友校學生達成回饋共榮的學習局面。並且透過友校的聆聽，激發本校學生的榮譽感，在自我學習與能力精進上，大有邁進與增長。

②與臺南一中合作「臺灣文學館文學小沙龍」

透過臺灣文學館的牽線，將臺南一中林煌德老師的「府城文學走讀」，與本校臺南女中「雙語玩文學，愛臺灣」合併討論臺灣文學的「在地化」與「國際化」。「在地化」的府城文學地圖讓我們看見臺灣文學史中，臺南地區在地而原始的文史與口傳資料，以及走讀文學地圖的的歷程與樂趣。而「國際化」的我校「雙語玩文學，愛臺灣」則是透過語言的轉換與臺美文學的參差對照，將臺灣文學推向國際，並同時發展臺南在地的人文資產與文學氛圍。

3. 執行時遭遇的困難與相關具體建議

說明：關於執行的困難多在館校合作之間的磨合與默契，其次是

對於現場需求的來賓刺激，茲列表分述如下表5-6：

表5-6　執行困難與解決

執行困難或缺點	臺文館方曾提出雙語之外，當列入「臺語導覽」的需求，然而實際導覽現場雖然的確曾有一位來賓希望以臺語導覽，考量同時聆聽的其他來賓多數對於中文的需求更大，所以現場即使為難，該組同學最後仍舊以中文進行導覽。
因應或改善措施	對於「臺語」導覽解說，會再與校內相關專業教師協商研發教材，雖然在本期導覽中，對於像臺語文作品林宗源的〈搖孫仔〉、吳晟〈泥土〉等，已經直接採用臺語詩歌朗誦，並針對客語作家杜潘方格作品，以平板直播youtube語音檔，然的確仍有隔閡。故期許再進入臺灣文學館擔任導覽時，可以成為三語，乃至加上客語系統的四語導覽課程訓練系統。

㈨心得回饋影音

學生第一次導覽後心得 https://goo.gl/LkHnjE	老師課程後心得採訪 （中文） https://goo.gl/Y7nAZ4	老師課程後心得採訪 （英文） https://goo.gl/QkfUQD

資訊力：聲情╳搜神記

課程設計與編寫者：苗栗高中國文科　黃琇苓老師

一、前言

　　不是爲了因應著十二年國教課綱的來臨，不是爲了協助學校計畫的開展，不是爲了「究天人之際，通古今之變，成一家之言」的志向，僅僅就是一份對教育志業的相信與執著，僅僅就是一份相信國文教學除了之乎者也、嘔啞嘲哳的背誦外，應該有不一樣風景的想像，有著經典內切磋琢磨的再現，有著生活中靈性的挖掘，生命意義的探討，僅僅就是一份對教學意義的執著，讓學生不僅僅死背，而是體驗、品味與活用。

　　因此一個老師的使命，跨越千年的思想，跨越中西的閱讀，跨越文本的視角，從研究者到設計者到教學者，從課程開始出發，從校本位特色開始發想，從社區化到國際觀。因緣際會的機緣，自己往外雜學多了，因此在課程設計上多以跨學科、跨領域爲主。近年來沉迷於資訊科技，起先是探討數位典藏、數位博物館，但倒也誤打誤撞的摸清楚了數位資源。2012年後，陸續加上了行動載具、google earth、虛擬實境、數位遊戲、遊戲化設計，透過社群平臺產生課堂外的風

景，這三年從〈苗栗山海經〉到〈苗栗水經注〉，到今〈苗栗搜神記〉整合了創意閱讀設計、在地特色課程、跨學科課程統整、跨領域資訊悅趣化設計，今天野人獻曝的與大家分享數位融入國文創意教學的可行性，希望能拋磚引玉的讓大家對國文教學充滿著更多想像。

感謝這幾年，在國文教學這條路上，舊雨新知給予支持與建議，感謝師大這龐大的社群網絡！

二、十二年國教課綱圖（如圖6-1、表6-1～6-2）

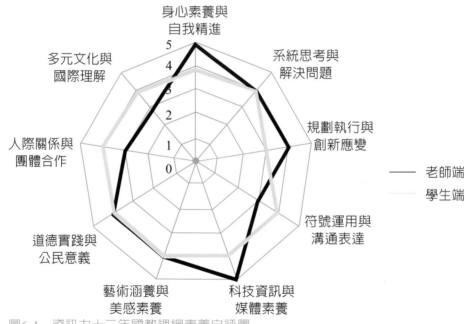

圖6-1　資訊力十二年國教課綱素養自評圖

表6-1　資訊力十二年國教課綱素養自評表

資訊化：苗栗搜神記	老師端	學生端
身心素養與自我精進	5	4
系統思考與解決問題	4	4
規劃執行與創新應變	4	3
符號運用與溝通表達	3	4
科技資訊與媒體素養	5	4
藝術涵養與美感素養	4	4
道德實踐與公民意識	4	4
人際關係與團體合作	3	4
多元文化與國際理解	3	4

表6-2　資訊力 教案自我檢核

核心素養	核心素養具體內涵	自我教案檢視
A1身心素質與自我精進	U-A1提升各項身心健全發展素質，發展個人潛能，探索自我觀，肯定自我價值，有效規劃生涯，並透過自我精進與超越，追求至善與幸福人生。	U-A1：本課程為專題式課程，挖掘在地文化，轉化舊有元素，注入新資訊，引導學生走入生活，重新發掘新元素，透過課程應用科技，並創造傳統新元素。
A2系統思考與解決問題	U-A2 具備系統思考、分析與探索的素養，深化後設思考，並積極面對挑戰以解決人生的各種問題。	U-A2：本課程結合國文、英文、數學、資訊、歷史、地理、美術、音樂等學科知識，培養學生具備自我歸納與科際整合學問的能力，透過課程、講座與走訪的基礎，小組透過討論、分析，合作完成專題。

核心素養	核心素養具體內涵	自我教案檢視
A3規劃執行與創新應變	U-A3 具備規劃、實踐與檢討反省的素養,並以創新的態度以作為因應新的情境或問題。	U-A3:本課程以FB建立社群,讓學生進行任務,在網路上進行分享、討論,透過課程設計增強學生資訊運用,透過遊戲化內容,刺激學生創意與突破。
B1符號運用與溝通表達	U-B1 具備精確掌握各類符號表達的能力,以進行經驗、思想、價值與情意之表達,能以同理心與他人溝通並解決問題。	U-B1:本課程以「聲情」開始,收於「搜神記」,讓學生用耳、用心探查生活,用手、用眼運用錄音、錄影,記錄書寫,透過自我體察到與他人溝通、合作。
B2科技資訊與媒體素養	U-B2具備適當運用科技、資訊與媒體之素養,進行各類媒體識讀與批判,並能反思科技、資訊與媒體倫理的議題。	U-B2:運用社群平臺,同儕互評,培養資訊素養。以互動媒體進行連結,以虛擬實境、線上遊戲進行創發,並以行動載具,走入現場尋找與說明。
B3藝術涵養與美感素養	U-B3具備藝術感知、欣賞、創作與鑑賞的能力,體會藝術創作與社會、歷史、文化之間的互動關係,透過生活美學的涵養,對美善的人事物,進行賞析、建構與分享。	U-B3:走入廟宇,透過行動載具進行環景拍照、3D虛擬實境分享,透過訪談、踏查尋找廟宇元素,製作公仔、藍晒圖、戳章文化在地特色,畫作特色地圖建構鄉土特色。
C1道德實踐與公民意識	U-C1具備對道德課題與公共議題的思考與對話素養,培養良好品德、公民意識與社會責任,主動參與環境保育與社會公益活動。	U-C1:本課程從廟宇走入生活,思考宗教議題,面對善惡、生死的態度,面對傳統文化的責任,培養現代公民。
C2人際關係與團隊合作	U-C2發展適切的人際互動關係,並展現包容異己、溝通協調及團隊合作的精神與行動。	U-C2:本課程多經由小組合作完成任務,其中需要小組溝通、分工與合作,可發展人際關係與團隊合作。

核心素養	核心素養具體內涵	自我教案檢視
C3多元文化與國際理解	U-C3在堅定自我文化價值的同時，又能尊重欣賞多元文化，拓展國際化視野，並主動關心全球議題或國際情勢，具備國際移動力。	U-C3：本課程從在地文化開始，從廟宇文化起步，培養學生對議題的探究，對文化的思考，看見客家廟宇，體驗客家民俗，進而思考其他宗教的呈現，思考宗教信仰的力量與選擇。

三、教案分享

㈠課程單元名稱：聲情X搜神──苗栗學第三季

㈡課程發想（如圖6-2）

圖6-2　資訊力，課程發想圖

　　2015年，苗栗山海經。帶著劉克襄〈十五顆小行星〉與〈11元鐵道旅行〉，一起以青春闖蕩苗栗山海線鐵路，走趟名

之爲傳奇的十元感動與2015密碼，探訪苗栗山海線火車站，穿越歷史、走入社區。

2016年，苗栗水經注。帶著「創世紀的創世紀：詩的照耀下」，找尋消失名字的苗栗母親河——後龍溪，穿龍圳，穿越大街小巷，看得到的河流，看不到的水溝，低吟著水經傳奇。

2017年，苗栗搜神記，帶著甘耀明「殺鬼」、「水鬼學校與失去媽媽的水獺」，找回神隱的聲音：阡陌苗栗、創意苗栗、裡苗中、咖啡苗栗、市場苗栗、自然苗栗、宗教苗栗。

如果說，山海經——山線海線車站探訪，是穿越苗栗縣的兩大動脈；水經注——苗栗市兩條水圳探詢，就是潛藏在苗栗市的兩大靜脈；廟宇搜神計，即是這座城市的心跳聲，每一個廟宇滿載著一段歷史，每一段歷史賦予著一則傳奇，每一則傳奇滋養著每一代的成長。

很久很久以後，才突然發現苗栗離我好遠好遠，很久很久以後，才突然發現在我生活中沒有神，很久很久以後，才突然發現原來我什麼都不懂。那一年看著神隱的車站，帶著學生結合「誠品高中生創意閱讀計畫」踏上了車站，那一年看著簡媜〈河川證據〉，帶著學生尋找苗栗市的兩條消失的水圳，以詩歌歌詠著灌溉道卡斯族PaRi美麗又平坦大地。

這一年，過著耶誕節，但卻完全不知道臺灣神明的慶典時間，曾經瘋狂地踏上西藏晒佛節，肖想著「我出去一下」踏上西班牙朝聖之路，然而對於生活周遭的白沙屯媽祖進香、大甲媽祖進香、客家燄龍竟毫無所覺。總迷戀著馬雅文明、埃及文明中眾神形象，卻忘了金銀

紙上的傳說，總這樣臨時抱佛腳，出國前、考試前、生命遇到重要時刻時，才去廟裡上香，亂抽籤，卻不知道拜拜的順序到底是什麼、籤詩機率，因此決定與學生一起踏上「搜神記」。

傳統的議題走入數位時代，「苗栗山海經」、「苗栗水經注」、「苗栗搜神記」打造社群媒體，讓學生在網路上相互激盪、分享，結合行動載具進行搜索，運用APP穿越古今，錄音、錄影紀實我的足跡。「苗栗搜神記」跨學科知識整合，跨領域能力整併，創發性的應用擴增實境、虛擬實境，利用finding a way街景遊戲結合廟宇華容道，闖蕩著苗栗廟宇任務包，實作公仔、金銀紙，走訪中港溪地下錢莊、白沙屯媽祖出巡、苗栗市燉龍巡禮，以積木創建廟宇，應用英文介紹神明，打造屬於神的FB，走察祭祀圈，走察角角落落的傳統。本章節以「苗栗搜神記」為例，分享設計概念以及資訊的創新與應用，附錄苗栗山海經、水經注的跨界設計。

誰說，傳統不能很fashion？誰說，國文不能很生活？誰說，學習不能很遊戲？誰說，在學校沒有開設特色選修時段的情況下，不能進行特色課程？課程無所不在，科技無所不在，透過資訊化結合，引起學生動機，激發學生創意，透過資訊平臺讓學生分享、共享，且記錄，走過的青春。

(三)結合議題

閱讀素養、資訊教育、環境教育、多元文化教育、戶外教育

(四)課程設計（如圖6-3）

「聲情X搜神記」暨「苗栗山海經」、「苗栗水經注」為苗栗學第三季。本計畫跨越一學年，承苗栗高中優質化、均質化經費開發，

課程於班週會或假日時間進行，集結校內各學科老師一同策劃特色課程，延伸學科知識，進入生活場域，以資訊應用、遊戲化設計創新，轉化學生能力，課程可以轉換成一學期或是一學年校本位特色選修課程。搜神記課程設計，可分為兩部分：

圖6-3　搜神記課程設計圖

第一部分：聲情（如圖6-4）

上學期以「聲情」與「閱讀」為主，九月份結合圖書館活動，認識苗栗文學家，參加「苗栗文學地圖」比賽，教育部讀書心得比賽。十月份參加華文朗讀節，班群閱讀「創世紀的創世紀：詩的照耀下」，體察校園環境，從眼到心低鳴校園的光影，選擇一個角落朗誦詩歌「我在苗中朗讀」，剪接影片後，上傳FB平臺，打卡、標註地點，與他人分享。

課程結合聆聽、閱讀、寫作教學活動，有效地提高學生的口語表達能力。未

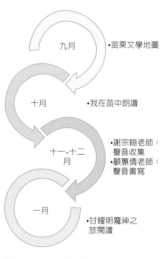

圖6-4　上學期計畫圖

來更結合十二年國教選修課綱「語文表達與傳播應用」，培養學生以口語、文字、多元媒體形式表達時，能運用各種技巧、格式適切表情達意、有效溝通協調，培養進而參與公共論述。

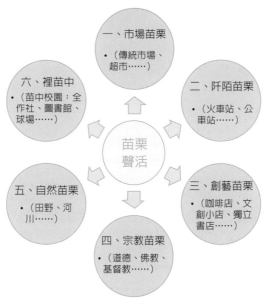

圖6-5　苗栗好聲活

　　十一月「土地的聲音」邀請聲音魔法師謝宗翰教授，引導學生挖掘聲音的符號、聲音的魔術，找到聲音，轉換聲音，透過手機APP混音或是剪接，用聲音說故事。此時安排學生講座後，尋找校園的聲音、尋找社區的聲音、尋找苗栗神隱的聲音：阡陌苗栗、創意苗栗、裡苗中、咖啡苗栗、市場苗栗、自然苗栗、宗教苗栗，進行三段聲音的剪接與書寫（如圖6-5）。十二月邀請顧蕙倩教授進行聲音書寫，以詩人的靈敏體察天地，以圖像展現生命，以文字書寫真善美，結合苗中、苗栗聲音，書寫出AR/VR/MR的三行情詩，導引學生聽見不同城市的聲音，不同城市的步調，也創造出三城奇謀的契機。上學期

跨360影像，環景聲音，跨FB平臺直播，跨手機電腦，跨校與師大附中、南一中語資班，同步臺北—臺南—苗栗的三城奇謀—聲情課程（如圖6-6）。

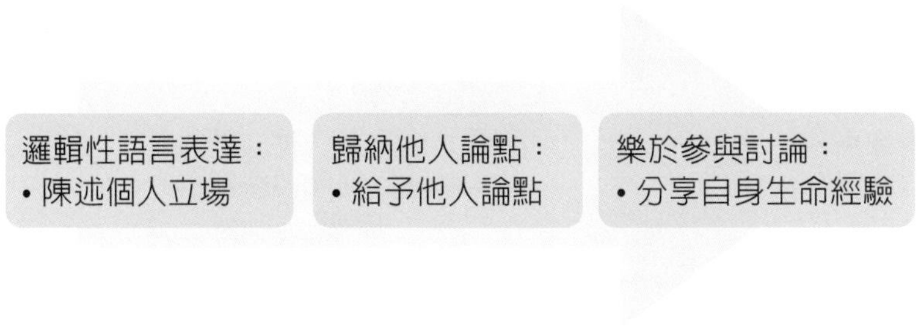

邏輯性語言表達： • 陳述個人立場	歸納他人論點： • 給予他人論點	樂於參與討論： • 分享自身生命經驗

圖6-6　聲活地圖，學生學習歷程

　　結合十二年國教選修課綱中「專題閱讀與研究」其課程目標在於培養學生良好的閱讀素養及主動探索知識的態度，激發學生研究興趣，增進創造性思考和問題解決能力。以數位文本為媒介，訓練學生善用資訊媒材，經由主動閱讀和參與，滿足個人興趣，廣泛接觸社會議題，進而與世界產生連結。善用科技、資訊與各類媒體所提供的素材，進行閱讀思考，整合資訊，激發省思及批判媒體倫理與社會議題的能力。

第二部分：搜神記（如圖6-7）

　　廟宇是臺灣民間信仰的核心，下學期帶著「聲音」的符號「聲情」的力量，跨校園到社區走入廟宇，穿越苗栗市到中港溪到大安溪，於二月份以均質化經費辦理兩天講座，邀請校內、校外有興趣的學生一同參與。講座邀請在地耆老、聯合大學講師黃鼎松老師進行廟宇概述及實地參訪、考察。邀請師大附中資訊主任林湧順老師進行環景拍照、打卡上傳、3D虛擬實境製作。從廟宇與鄉土，到科技與鄉

以下為圖中各方塊內容：

2/9-10搜神記營隊
1.廟宇與鄉土：黃鼎松
2.科技與鄉土：林湧順搜神任務包
3.廟宇華容道桌遊
4.廟宇神書人電動
5.廟宇任務包

3/2，3/9聯合大學—講座合作
3/8中港溪走讀廟宇積木講座
甘耀明—魔神之旅：故事接寫

4/8，4/15GIS地理資訊研習
4/19蔡舜任—廟宇修復講座

白沙屯走讀
3D列印—聯大合盟

學生閱讀推廣：師大附中交流
教師成果發表：聯大、苗中、大同社群
在地特色桌遊

圖6-7　下學期搜神計畫圖

土，透過廟宇議題，讓學生結合各學科知識，讓學生應用所學知識，從知道，到思辨，從注視傳統開始，到思辨多元文化議題，思考宗教與生活，走過這一趟歷程，最後再回歸到生活各面向發想。

　　講座給予學生先備知識，接下來由計畫中的各科老師分組進行解說與指導，讓學生帶著「聲情Ｘ搜神」手冊進行廟宇華容道、finding a way廟宇搜書人兩大任務。破關之後方可領取廟宇任務包，進行實地廟宇參訪，並完成指定任務。任務結合五感（眼耳鼻口手），有拍照打卡、有環景虛擬、有公仔製作、有廟宇聲音收集、有廟宇訪談、求籤、有廟宇歷史藝術探討、廟宇平面圖祭祀圈、特色地圖、戳章等，所有的成果將以google表單回傳及分享在FB社群（聲情Ｘ搜神記）。

　　延伸課程部分，分為三塊，由學生自由報名，利用週三下午班週會時間或週六進行。

1. 考察：苗栗㷘龍民俗祭典（0210）、白沙屯媽祖進香考察（0222）、竹南中港溪金銀紙（0308）考察。

走出苗栗市，跨越苗栗北中南三區特色據點，中港溪地下金銀紙／炸寒單起源地、苗栗客家㷘龍、白沙屯媽祖遶境，延展學生在地生活圈。

2. 講座：創造力——廟宇樂高積木；專注力——廟宇修復工作室。

訓練學生空間概念，也可透過積木文創，帶給學生面對傳統的新想像，苗栗新想像，文創新發現，結合桌遊課程。另引入蔡舜任廟與修復工作室講座，「修油畫到修廟堂」，以修復油畫的態度來修復廟宇，找回廟宇的精神，也分享廟宇修復，青年人走入傳統的新精神。

3. 深化：3D列印課程、GIS課程、藍晒圖製作、苗栗在地桌遊。

從中港溪金銀紙體驗後，學生轉化進行廟宇藍晒圖製作，加上廟與三行情詩，製作明信片。深化GIS應用，抽取學生廟宇走讀資料，進行地圖套疊，包含伯公、各廟宇祭祀圈、信仰圈等在地小論文研究。另結合聯合大學進行3D列印，列印廟宇LOGO，廟宇模型、設計在地特色桌遊。

(五)教學對象：高一～高二有興趣學生

(六)教學時間：16小時或班週會／暑假寒假

(七)教材來源

1. 《聽！臺灣廟宇說故事》，郭喜斌，2010，貓頭鷹出版社

2. 《臺灣廟宇深度導覽圖鑑》，康諾錫，2014，貓頭鷹出版社

3. 《圖解臺灣廟宇傳奇故事：聽！郭老師臺灣廟口說故事》，郭喜斌，2016，晨星出版社

4. 《神明所教的解籤訣竅：千載難逢！問神達人教你徹底看懂天機神算》，王崇禮，2014，柿子文化

5. 《臺灣的廟會文化與信仰變遷》，謝宗榮，2006，博揚出版社

6. 《AR擴增實境好好玩！結合虛擬與真實的新科技應用》，謝旻儕，2016，松崗出版社

7. 《出發吧，一起來認識宗教：從觀點、現象與體驗，揭開宗教的奇妙面紗》，陳淑娟，2015，商周出版社

8. 《臺灣趴趴走Taiwan Follow Me》，EZ TALK編輯部，2014，EZ叢書

9. 《職人誌：52個頂真職人，認真打拚的故事報乎恁哉》，黃靖懿、嚴嚴芷婕，2013，遠流出版社

10. 苗栗宗教志、文學志

11. 網路文章

12. 文化資源地理資訊系統http://crgis.rchss.sinica.edu.tw/

13. 聯合大學苗栗故事館http://www2.nuu.edu.tw/~hakkacenter/ch/story/content1.htm

㈧課程發展者：國文科黃琇苓老師

　　苗栗高中特色地圖計畫團隊：國文科林容榆老師、徐瑜伶老師；英文科蔡長沛老師、數學科林吟盈老師；美術科陳欣慧老師、彭義婷老師；地理科謝眞婷老師、歷史科劉宇堂老師

(九)學生先備知識分析

1. 學生鄉土教育根基，但學生對社區環境的不熟悉，學生對廟宇專題的陌生與排斥。
2. 學生對多元文化的認識，但沒有太多的體會。

(十)學生學習能力分析

1. 學生具備聽說讀寫能力，寫作、創作能力。
2. 學生具備小組合作溝通的能力。
3. 學生使用手機，上網、拍照、錄音、分享FB社群的資訊素養。

(十一)課程目標

1. 藉由對苗栗各層面與多角度的發現，加深學習深度與廣度，激發本土熱情與促進生態關懷。
2. 學生跨學科知識的應用走讀，將知識帶入生活，觀察、探查、創造，凝造城鄉新印象。
3. 增強學生應用科技，用不同的面向挖掘、記錄。
4. 教師結合認識本土、永續環境、生命教育等議題，發展校本位相關課程。
5. 了解前人開發社區的軌跡與人文歷史發展回顧，一同感受地理環境、自然生態、人文歷史的變遷軌跡，感受生命力的傳承。
6. 連結社區資源，與聯合大學文創系、縣內大同高中跨校教師社群交流。

㈡教學方式

1. 問題導向學習：以廟宇為主題，發想各科元素，創建各科特色課程任務，以任務挑戰的方式讓學生進行破關。
2. 探究式教學：問題導向的教材設計，Big 6策略，逐步引導學生思索，擴展主題，讓學生進行在地文化、多元文化及國際化的接觸。
3. 合作學習：學生以小組合作的方式進行廟宇主題的探討。
4. 數位學習：透過社群平臺接收資訊，分享任務，給予回饋。

㈢評量方式

本課程的多元評量，依據課程進行的任務進程，個人與團體評量同時並行，分別特色地圖、閱讀心得、電動闖關、桌遊華容道、廟宇任務包、公仔製作、廟宇戳章、微電影等同儕互評及老師評分。任務說明書：https://goo.gl/lbi114

㈣課程模組

1. 教學模組

從苗栗山海經、水經注到搜神計，苗栗學設計依循著「閱讀、悅讀、走讀、越讀」四大模組，從閱讀文本開始，老師導讀，第一期山海經閱讀〈十五顆小行星〉散文，第二期水經注閱讀〈創世紀的創世紀〉新詩，第三期搜神計閱讀〈殺鬼〉小說。結合演講、走訪延伸學生學習，進而學生在地走讀，運用所讀的資料、所聽的演講，結和自己的學科知識，問題解決老師設定的任務。最後會安排學生展現，透過報導文學方式寫下自己歷程，製作特色地圖，彙整成書，進一步的

導讀給在地中學或大學進行交流。

　　這四面向應著學習金字塔（如圖6-8），從被動到主動，從讀過、聽過、看過，到觀看示範、參與討論，到走讀當場看到。透過任務參與，最後做一場引人注目的報導，且反過來分享、教導別人，學習從10%到90%。就這四面向下，搭配著資訊力，讓閱讀、悅讀、走讀、越讀更加加乘，展現學習的多元樣貌。以下就「聲情×搜神」上下學期，

　　細部說明（如圖6-9、表6-3）：

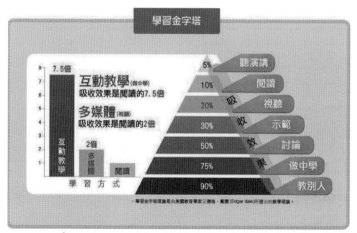

圖6-8　學習金字塔[1]

1　圖片引用：https://sites.google.com/site/mskuru1230/_/rsrc/1472857914050/home/jiao-xue-fan-si/xuexijinzita/%E5%AD%B8%E7%BF%92%E9%87%91%E5%AD%97%E5%A1%94.jpg

閱讀　悅讀　走讀　越讀

圖6-9　課程模組圖

表6-3　課程紀錄（圖片皆引自FB：「聲情X搜神～苗栗學第三
　　　　季」社團）

	方法	上學期	下學期	資訊應用
閱讀	結合圖書館進行班級共讀	創世紀的創世紀：在詩的照耀下	甘耀明——魔神之旅	1.Facebook、youtube：打卡上傳、任務指派、心得分享、創作分享、票選共評。 2.錄音、錄影APP。 3.老師社群google drive雲端共筆，fb資料交流。 4.老師利用evernote、onenote收集資料。

1.建構學習平台：

　　透過FB社群，安排課程資訊，讓學生跨越空間、時間，進行分享。老師設計閱讀文本，以「貼文」方式進行引導，學生以「留言」方式回答，可採個人心得分享或是團體閱讀分享。

　　老師可提醒同學們相互觀摩，以按「讚」的方式進行同儕互評，老師也可針對學生回答直接補充或延伸。

【搜神記 任務一：魔神之旅Ⅹ閱讀 關卡2/5】
關主：國文科 林容榆老師、徐瑜伶老師、黃琇苓老師

聲情Ⅹ搜神記～共設定三個任務
任務一：魔神之旅閱讀～Ⅴ關……更多

 _閱讀文本_搜神記 魔神之旅.docx
文件

下載	上傳修訂版本

「廟宇，城市的心跳聲」…你的心跳聲
如果說 苗栗是一個身軀
山海經，山海線車站，就是兩條大動脈
水經注，兩條遺忘的水圳，就是兩條大靜脈
搜神記，12大廟，就是苗栗的心跳聲
寫下你的心得嘍

Readmoo E Ink 閱讀器 | ?
backerfounder.typeform.
【全台灣製造，超越國際規
Readmoo 電子書服務平台
中文出版品選擇，全繁體中

你的貼文   _ □ ×

觀賞各個廟宇，讓我們用不一樣的方式去欣賞廟宇，從前的我進入寺廟裡只
是單純的拜拜、求籤問神又或者只是想為自己祈禱，而現在我會用不一樣的
方式去欣賞、思考神明的由來、寺廟的建築方式，從最微小的地方開始。
讚·回覆·4小時前·已編輯

楊佳玟 108楊佳玟
在這兩天的活動中，我們早上都聽了黃鼎松老師的演講，讓我們了解到臺灣
的廟宇，苗栗的廟宇文化，介紹了許多神明，第一天的下午，我們體驗到了環
景眼鏡，並實際操作，藉由體驗，我們看到了不一樣的世界，第二天下午，
我們則是領取任務包，分組解題，也藉由製作公仔，我們又更深一步的來了
解神明，也謝謝老師們的神秘小禮物和陪伴。
讚·回覆·4小時前

秋山澄 108徐雅其
第一天跟著黃鼎松老師出去參訪許多間廟宇，聽他說了很多故事：那些故事
有些是成為神的故事，有些是神收服妖的故事……。不管是聽到很多關於廟
宇的專有名詞，跟那些專有名詞的起源……。
讓我最印象深刻的就是廟宇香爐下面的腳，原來單腳朝內連是朝外也是有學
問的！很多東西，沒有聽過就不知道原來這些都是有起源的，而不是憑空捏
造，而且，故事跟故事之間也都有一些關係。就是一句話，這兩天讓我獲益
良多！平常沒有多去接觸的廟宇原來有那麼大的故事等我們去發掘和了解！
讚·回覆·10分鐘前

👍讚 💬留言 ↗

😊 你、Yu-ling Hsu、黃淑玟

2. 透過社群平臺功能，進行多元評量，如影片、文件檔、打卡、照片或是利
   用超連結方式，進行分享。
   ⑴影片──圖片：我在苗中朗讀

圖片：

(2)超連結及標注人名：

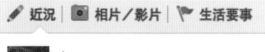

208 02王彥儒 08涂侑胤 14傅俊瑋 20黃裕傑 26江俊辰 32宋臻雁 38劉茜妤

正值青春充滿活力的我們聽到期待已久的鐘聲怎麼可能還乖乖的坐在位置上呢？即使外頭寒風呼呼的吹，也無法阻止我們出去玩耍的慾望，穿上厚重的外套，不用3秒的時間，大家就衝出了教室，在翠綠草皮上盡情的奔跑、瘋狂的玩耍嬉笑，彷彿所有煩惱憂愁都瞬間消失了。到籃球場上進行三對三鬥牛，臉上綻放著燦爛的笑容，奔跑著、吶喊著，揮灑我們青春的汗水，"噹噹噹噹"，鐘聲再次響起，不同於下課鐘聲的期待，是大家都不希望響起的上課鐘響，雖然我們都還意猶未盡，但是也無法抵抗，只好很不甘不願的擦去身上的汗水，洗把臉，乖乖的回到教室上課，再次期待下節下課的到來，這就是我們的青春

https://drive.google.com/
.../0B0b9bjh9VONIeFNDa0d4dWF4b.../view...

(3)地點打卡與心情展示

Chang Chia 😊 覺得世界聲音繞著我轉——和 Hoshizora Chiou 、其他 4 個人,在 📍苗栗車站。
2016年12月18日,苗栗市苗栗市

2016苗栗聲景地圖:阡陌苗栗
(103)2江佾霖+10宋雨宸+18邱雅瑩+20邱靖茹+24張嘉芳+26陳玟靜

--------------…… 更多

	方法	上學期	下學期	資訊應用
悅讀	專題講座介紹內容	【土地的聲音】聲音收集──謝宗翰老師聲音書寫──顧蕙倩老師	【搜神記】廟宇與鄉土──黃鼎松老師科技與鄉土──林湧順老師	1.FB社群：心得分享、創作 2.數位典藏／網路資源查詢 3.掃描QRcode 4.行動載具APP應用：google街景、google cardboard、錄音程式、混音成是、影片剪接

悅讀：

　　講座課程時，事前可以透過FB平臺進行介紹或延伸資料引導，在聽演講前有了基本的知識，到現場聽演講時，可以使用「直播」記錄，直接網路討論分享，或是透過留言的方式心得分享。

　　透過系列講座的安排，可以讓學生深化議題，透過大師的引導，可以讓學生的觸角延展得更遠。建議安排講座，可以與計畫進程環環相扣，增加計畫的精彩度。上半年度計畫，導入「聲音」的元素，讓學生用耳朵聽到聲音，用心聽到聲音，用手機、平板錄音。透過錄音、混音APP介紹，讓學生對於聲音有了不同的領悟，進而書寫聲音，書寫生活。下半年度導入「環景」錄音、錄影，擴增苗栗聲情景點與環景景點，進一步的發展出擴增實境的特色地圖，讓學生學習議題外，所學的工具能有未來性，且可運用於生活。

1.心得分享

講座一：謝宗翰老師	講座二：顧蕙倩老師

顏鈺誠 我是個很愛打電動的人，原本覺得音效沒什麼的，但現在發現沒音效的話恐怖遊戲跟本不恐怖，我也很常聽音樂，有時後聽音樂非常的舒壓，我的生活中有很多聲音，我不能想像沒有聲音的樣子，在聽了老師跟我們分享經驗後，讓我受益良多。
讚·回覆·11月13日 18:27·已編輯

 詹昆銘 108 14
聽完這次的演說，我發現我所接觸的遊戲裡的背景音，是需要那麼多努力才完成，很多都是生活中的聲音，但是放到遊戲配上那種畫面情境就不一樣了，也讓我也開始對這領域開始有興趣，感謝老師百忙之中還抽空跟我們演講，使我受益良多。
讚·回覆·11月14日 7:13

 張淳 苗中聲景_圖書館 103 AR
張清鈞 黃雅湘 賴均旻 歐怡禎 Tina Tsai 畢雅婷
如風輕輕挑過樹葉
在靜謐中
一股知識的激流在我靈魂中激盪
讚·回覆·◯1·昨天 14:44·已編輯

 謝采純 108 吳埕平 魏咏山 陳孟沛 @顏鈺誠 @李頎 謝采純
AR_圖書館
圖書館裡的聲音，像棉花糖
給人一種舒暢的感覺放進嘴裡就能入口即化
我在那裡聆聽自己心中歲月吹殘的哀嚎
讚·回覆·◯1·昨天 14:49·已編輯

 吳芷螢 苗中聲景
#108
何宗育 張雅晴 徐采伶 詹月楓 謝宜恩 吳依庭 吳芷螢......查看更多
讚·回覆·昨天 14:46·已編輯

 王典上 108 王典上 李恩瑋 施恩蕙 張晴雯 傅馨儀 饒思誼
VR_潮流
夢境的隕石
流行抨擊著我
我聽見水瓶聲
讚·回覆·◯1·昨天 14:48·已編輯

 劉欣純 禮堂的聲音 AR
103郭俐妏 徐宜君 賴麗琪 吳彥芸 林昱婷 羅鈺婷 劉欣純
斜入偌大的堂 節節攀升
慵懶纏綿的閒適
我聽見文化在耳旁細語
讚·回覆·◯1·昨天 14:46·已編輯

方法	上學期	下學期	資訊應用

2.直播：

可作現場討論或是延伸討論，透過留言的方式進行討論

| 走讀 | 學生實地探訪 | 苗中聲景地圖
苗栗聲活地圖 | 廟宇任務包 | 1.FB社群公告資訊，學生連結資訊收取任務；票選功能、FB學生任務上傳、打卡。
2.Google 表單應用。
3.VR環景技術。
4.廟宇華容道桌遊。
5.Finding a way 廟宇搜神人。
6.搜神記——神來也任務包，密室逃脫。 |

走讀：

　　透過老師課程的設計，問題的設定引導學生學習，從被動學習到主動觀察，讓學生以小組的方式進行「專題課程」。將作業轉換成任務包的方式，可以運用社群平臺公告、更新訊息，或是跟學生直接討論，老師也可掌握學生狀況。也可透過google 表單，產生小組共筆平臺，而老師在後端平臺可以掌握學生學習歷程。老師也可建構一雲端資料庫，提供師生之間交流，講義的下載、作業的收取等。

⑴FB平臺：公告與回饋

2江佾霖+10宋雨宸+18邱雅瑩+20邱靖茹+24張嘉芳+26陳玟靜
是拋物線的聲音。
一點經臉累積，一點喧囂，學生時代的慵懶和小淘氣，有誰打開窗，伸手
艱難滑動藍色蓋子，類似於拉鋸磨砂的聲音刺激耳膜；或探頭估量一段距
離——匡咚——該如何找一個適合的角度發出這樣暢快的聲響，甚至帶有
打擊樂的氣勢，有誰在後走廊間的小天地金屬式地建立起篇章。
摩擦、敲擊、沉澱，掂起方失手錯過圓心的鼓棒，投擲一團學業苦悶，投
擲一派稀鬆平常，投擲一片青春滿山的頑皮，皆有其生性及獨有的可
愛。
有誰曾聆聽這一場擲地有聲？
是拋物線的聲音，高山和低谷，雲霄和餘震，貫穿學生時代。
影片→ https://drive.google.com/
.../0B3YeDncUX72DQU5pTk42cnlGa.../view...
MP3→ https://drive.google.com/
.../0B3YeDncUX72DcjB4eVVwbzUze.../view...

2016苗栗聲景地圖：阡陌苗栗
(103)2江佾霖+10宋雨宸+18邱雅瑩+20邱靖茹+24張嘉芳+26陳玟靜

孤島 從斷崖那裡
來人了 或有人離開
你恰巧回頭撿拾一片瀟落的雲

踏上楊梯，聲音自四面八方而來，閉眼感受這浪潮，從繁忙中輕易就能找
出屬於這地方的寧靜。
唉呀，子婦抑或雲雀盤旋，過風聲稍如是問你要去往何處。
你順著車墨上的終站前行，身旁經過的是歸人或旅人吧，步伐在階梯一字
一氫冤過了山城獨有的斑碎陽光，冗長抱負行李，骨雉著斜過如弦的地面
暮想火車即將入站，不過一刻，更加砌硬的雪聲覆蓋而來，卻漸行漸微，
一節節似一節車身歌止。
煩人的廣播斬音被忽視，因為你知曉何處是你欲向往、旅搭上哪一班次。
你思考自己在這島上扮演的是什麼角色，
以及人群又是扮演怎麼樣的角色。
銀行者輕見的可是只有過去的足音？抑或迎接這方一片羽毛的人心跳可是
忐忑？還來不及梳理，身邊又是浪濤似的腳步逐一遠履，歸來的人、遠行
的人，踏上月台或走入車廂——有肺泡此氣體交換的聲，阻塞、暢通、爽
快——緊按一聲鈴鳴直上頂住推交耳私語，帶點催促的意味，這片靜好終
於將分著暫時擦快好去趕向再起的演奏。
你往去程，月台上有人看你即將出航，陽光下氣闖門高舉指揮棒，你聽見
什麼發出高級衣料磨擦的聲響，大型銅管開場的第一個音符之後你都再聽
不見，再聽不見一切轟鳴，聲音都推入崖底下。
影片→ https://drive.google.com/open...
MP3→ https://drive.google.com/open...

⑵google 表單

⑶雲端平臺

　　進一步，透過老師任務設計，或可應用遊戲化的方式進行，引起學生的動機，強化學生的動力，深化學生的學習山海經中讓學生到每個車站進行「10元感動」與「2015數字密碼」的闖關活動，水經注中讓學生循著水道，寫新詩和剪接成微電影並繪製特色地圖，聲情×搜神記，透過校園到校內，讓學生拿著手機去收音，進而剪接成聲音的故事，讓學生書寫出聲音的曲線。透過桌上遊戲、電動遊戲、實體城市闖關包，讓學生沉浸在任務中，轉化知識。

　　設計任務時以「創意」為優先，製造驚奇與樂趣。將傳統的議題注入新的變化，無形中也是教導學生突破性的想法，創意的思維，進而批判性的思辨。

　⑴錄音／混音AP

　　提升學生錄音技巧，介紹學生好用的錄音程式、混音方式，進一步的加上音樂與畫面、情緒，讓學生走入場域，從校園環境到社區環境，錄取聲音，結合聲音的書寫，從眼到耳，對生活會有不同的感受與刺激。

　⑵桌上遊戲：廟宇華容道

　　廟宇華容道借用華容道機制，請將玉清宮移出，方完成任務。任務中設定苗栗十間廟就是學生任務包的十間廟宇，讓學生藉此認識苗栗客家廟宇，而過程利用「縮時攝影」記錄分享到平臺。

	方法	上學期	下學期	資訊應用

(3)街景模擬遊戲：finding a way

　　臺灣科大迷你教育遊戲團隊NTUSTMEG發展一整合Google Map中Street View API技術之情境式教學遊戲編輯器NTUST MEG "Finding a Way" Map-based Educational Game Maker©（又稱NTUST MEG地圖探路教育遊戲編輯器©），完全免費供教師與學生教育用途運用。編輯器網址：http://www.ntustmeg.net/way/

　　該編輯器同時整合情境學習與角色扮演理論，讓玩家在街景實境的虛擬空間中探索，教師可以設計自己的簡單的教學小遊戲，用於鄉土教學、城市文化、空間能力、地圖判讀、旅遊規劃、問題解決等學科主題教學或是素養的培育，也可以讓學生實作與學科相關的小遊戲（如：文史探索等），甚至搭配特色課程，運用於整學期的遊戲專題設計中。

　　本年度搜神記計畫導入此系統，設計「苗栗搜神記」，以遊戲引起學生動機，並且在遊戲中建構鄉土知識，透過闖關，學生可以無形中熟悉苗栗廟宇所在地及相關歷史。破關後，學生出訪各廟宇，透過講座安排、透過實查課程引導，學生以小組為單位，進行任務包闖關。

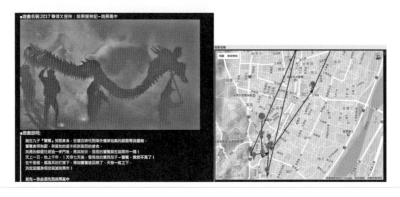

說明：
　　①建議使用電腦操作
　　②配合研習手冊（p7-p8,p90-104）或苗栗宗教志（http://book.mlc.gov.
　　　tw/DefaultImage2.aspx）
　　③操作方法
　　　　　可以在街景圖中用滑鼠移動角色找尋線索（部分區域用鍵盤無法
　　　直接到達，需使用滑鼠圓形標記到達），也可對應至左方的地圖以了
　　　解目前的所在位置，在尋找過程中若遇到線索或觸發事件時，會有相
　　　對的提示視窗出現。
　　　　　下方訊息欄有時也會有相關訊息，請注意，移動角色時會損耗體
　　　力，體力值長條表示您目前有限的體力，時間值長條為任務剩餘完成
　　　時間。您需要在體力耗盡前及限定時間內完成任務喔！
　　⑷廟宇──闖關包

　　讓學生抽取廟宇任務卡，先抽取一廟宇，進行任務闖關。在跨科團隊設
計下，凝結28個任務，將整個任務包也設計成一個遊戲，讓學生帶著玩心去
闖關。小組走入廟宇挖掘故事，從廟宇建築觀察，到抽籤方式、籤詩，到周
圍店家訪談，若再搭配finding a way電動設定，則可以作為城市廟宇實境闖
關活動，這可轉化成學生未來進行「越讀」時的素材。

方法	上學期	下學期	資訊應用

⑸公仔與FB

　　「搜神記」中，設計學生走入廟宇找到主祀神後，要製作公仔，及幫助主祀神建立FB。以手作、手繪的方式進行，延伸學生多元學習，另也請學生聯想，在其他宗教文化中，掌管此事的是什麼神！

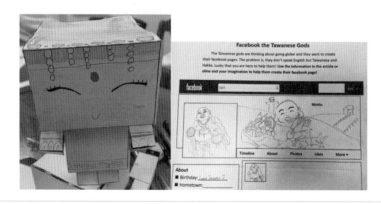

方法	上學期	下學期	資訊應用

(6)VR實境：

　　擴增實境、虛擬實境課程設計，透過手機google 街景打卡上傳，搭配環景照像機拍照、錄影，進行剪接，讓學生帶著工具，到廟宇進行VR環景記錄、打卡設定。進一步的還可以利用環景攝影，就廟宇地景，或延伸到後面的文學地景、文化地景，製作獨特的特色地圖。

　　透過APP擴增實境，如「完美fun」增加拍照樂趣，讓學生到主題場域進行活動。

另搜神記中設計──製作公仔，調查出該廟宇的主祀神，然後製作成公仔，進一步的可利用虛擬實境製作，呈現360人偶互動。

| 越讀 | 學生閱讀分享 | 我在苗中朗讀
苗中聲情、苗栗聲活地圖 | 聲情×搜神記
1.特色地圖
2.公仔
3.戳章 | 1.FB心得分享、直播分享、留言。
2.Google表單回饋填寫。
3.VR環景分享。 |

　　最後一階段的「越讀」乃是學生成果集，及安排學生展演或是閱讀推廣。讓學生自己設計給予國中、國小或是大學生，進行校園或是社區展示、分享。因此從設計到布展，從靜態到動態都是學生很好的考驗，而學生在此時也會利用網路平臺等過程中學到的方法，應用與進化。

2.課程內容

　　聲情×搜神記，課程規劃與設計，主要透過營隊方式進行。由專家學者進行專題引導後，各設計老師於營隊期間穿插延伸，並由老師進行分組討論，而學生最後以小組為單位，進行專題任務探訪（如圖6-10～6-12）。

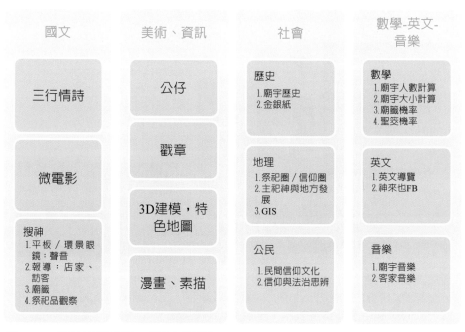

國文	美術、資訊	社會	數學-英文-音樂
三行情詩	公仔	歷史 1.廟宇歷史 2.金銀紙	數學 1.廟宇人數計算 2.廟宇大小計算 3.廟籤機率 4.聖筊機率
微電影	戳章	地理 1.祭祀圈／信仰圈 2.主祀神與地方發展 3.GIS	英文 1.英文導覽 2.神來也FB
搜神 1.平板／環景眼鏡：聲音 2.報導：店家、訪客 3.廟籤 4.祭祀品觀察	3D建模，特色地圖 漫畫、素描	公民 1.民間信仰文化 2.信仰與法治思辨	音樂 1.廟宇音樂 2.客家音樂

圖6-10　搜神記跨學科、跨領域設計

圖6-11　苗栗高中搜神記社群老師

3.教材資料：請連結https://goo.gl/2Gni9z

一、　聲情X搜神 計畫時間表 p3
二、　聲情X搜神記 計畫書 p4
三、　聲情X搜神記 神來也任務包 p7
四、　聲情X搜神記 神的領域
　　　（一）資訊科技 黃琇苓老師 p9
　　　（二）國文科 林容瑜老師、徐瑜伶老師、黃琇苓老師 p16
　　　（三）藝能科 陳欣慧老師、彭義婷老師、劉佳琪老師 p39
　　　（四）數學科 林吟盈老師、高潔穎老師 p48
　　　（五）英文科 蔡長沛老師、吳曉菁老師 ....p 61
　　　（六）社會科 嚴真婷老師、劉宇堂老師、劉佳華老師 P67
五、　聲情X搜神記 子不語
　　　（一）苗栗市 楊家伙房 ....p75.
　　　（二）伯公～土地神 p78
　　　（三）紙醉金迷 ～竹南中港溪 p79
　　　（四）神鬼奇航～白沙屯媽祖 p90
　　　（五）火旁龍～苗栗元宵 p93
　　　（六）修油畫到修廟宇：蔡舜任講座 p97
　　　（七）積木廟宇 p99

六、　苗栗市廟宇民間信仰 p100

　　　（1）文昌祠.............p101　　　（10）五文昌廟.....p113
　　　（2）玉清宮.............p105　　　（11）陞順宮.........p113
　　　（3）城隍廟.............p108　　　（12）安瀾宮.........p114
　　　（4）天后宮.............p108　　　（13）五福宮.........p114
　　　（5）天雲廟.............p109　　　（14）五穀宮.........p115
　　　（6）東嶽府.............p110　　　（15）西勢美福德...p115
　　　（7）三山國王廟.....p110　　　（16）維祥福德祠...p116
　　　（8）義民廟.............p111　　　（17）福安宮.........p116
　　　（9）聖帝廟.............p112

　　　附錄：宗教與信仰.........p117

圖6-12　搜神記 課程手冊

㈤課程特色與建議

1.課程特色（如圖6-13）

跨學科的
整合

資訊融
入教學
的創意

在地閱
讀的開
發

圖6-13　搜神記 課程特色

2.課程建議

⑴校本位特色課程定位：面對苗栗的資源該怎麼設計？怎麼擷取？該怎麼定位？在學校課程進行時，時間安排、主題的選定，課程設計從閱讀到悅讀到走讀到越讀分享歷程。

⑵跨學科教師專業社群協力：課程需要跨學科老師共同協力，校內老師的統合該如何進行，行政是否支持教師社群發展。

⑶資訊新科技融入：本課程創建了VR環景打卡剪接、finding a way數位遊戲、廟宇華容道益智遊戲，並結合紙本任務卡進行廟宇走訪，帶著手機去旅行，進行圖片、影音、微電影創作，數位說故事課程模式，透過FB平臺確認任務，分享心得，進行數位學習。

⑷課程的深化：如何能提升學生更深度的文化認識與思辨能力，可在進一步的發想與釐清。

四、結語

　　十二年國教課綱打破的教育的桎梏，打破傳統教學的時數，打破傳統教學的知識堆疊。十二年國教課綱掀起了教育現場一場風暴，很有可能的發展教師專業，很有可能發展各校特色，很有可能培養學生適性化，很有可能跨學科合作，很有可能跨界交流（如圖6-14）。

整合力：
跨學科知
識統合

資訊力：
平板
／BYOD

關懷力：
鄉土／服
務學習

實踐力：
社企力

圖6-14　苗栗學課程遠景

　　面對這樣的一個時代，從語文教學本質開始思考，從國文教學意義開始思索，為了生活、為了生命、為了生存，語文學習深化的閱讀力、寫作力，語文素養的議題力、國際力、表達力、創造力，以六力為發想，結合在地特色、校本課程地圖、學生特性，在結合資訊應用中，進行更繽紛的教學設計的可能性。

　　從「山海經」到「水經注」到「搜神記」三年的歷程，是讓學生看見鄉土，認識鄉土，從文學、從歷史、從地理、從公民議題等，進行「城市的走讀：我的微泊城市」，發展歷程上建構教學模組，結合閱讀策略，精化教學內容，擴大思考面向，應用資訊工具，精化、深化、悅趣化教學設計。附錄：第一期山海經與第二期水經注設計。

附錄一：苗栗學第一季：山海經設計（如圖6-15～6-19）

圖6-15　苗栗學課程圖

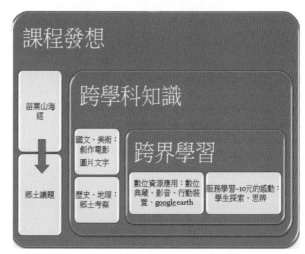

圖6-16　山海經課程設計

　　課程結合2014誠品高中生創意閱讀計畫，師生共同企劃多元的閱讀活動，使閱讀跨越各學科，結合藝術、人文、科學、生命教育等。以國文課程白話文〈愛之淚珠〉、〈陽關雪〉開啓旅遊文學，進而以〈赤壁賦〉、〈始得西山宴遊記〉深化心靈的轉化。另結合鄉土教育，讓學生帶著手機去旅行，整合資訊、歷史、地理，去探看印象的苗栗。透過訪談、透過活動（10元的感動、數字密碼）讓學生深入鄉土，了解在地故事、在地文化。透過微電影、透過想像地圖多元層次，展現內容的周延性。

　　從各學科課程中的延伸，到知識的整合，從課堂上的學習，到課外講座的參與，到寒假的走讀，讓學生帶著手機旅行，開拓視野。從課堂講述到學生分組，從學生分組到學生實作、學生分享，從〈十五

顆小行星〉閱讀心得到微電影，歷經一年，有文字、有圖像、有影像，閱讀內容整合進入課程學習。帶著手機去旅行，開展學生多元文化思考、社區關懷，有效的突破傳統思維模式，有效的引導學習者對五育均衡發展的理解，了解生命的意義在於生活，生命的養分在於走走讀讀每一個角落。

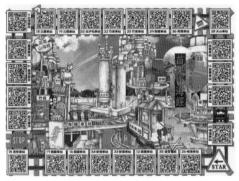

圖6-17　山海經成果海報

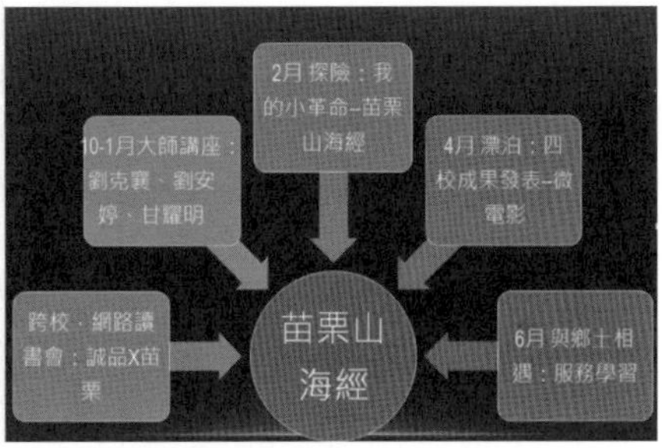

圖6-18　山海經計畫圖

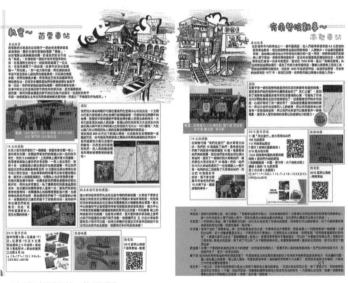

圖6-19　山海經學生成果圖

附錄二：苗栗學第二季：水經注設計（如圖6-20～6-22、表6-4）

　　課程結合2015誠品高中生創意閱讀計畫，師生共同企劃多元的閱讀活動，使閱讀跨越各學科，結合藝術、人文、科學、鄉土教育等。內容以國文課程白話文〈河川證據〉開啟母親之河的追尋，進而以〈水經注〉，導入人文地理觀察。創作方式結合國文課課程現代詩意象藝術，結合音樂，以數位化多元化方式呈現，從閱讀開始，配合誠品創意閱讀計畫提供的三場講座，將紀錄片、音樂、圖像導入，培養學生詩樂創作，讓詩進入學生的生活中，生命中。

　　最後結合地理科、美術科，讓學生在寒假進行苗栗市後龍溪走訪，從南苗到北苗，河流的足跡，有些還看到的，有些變成水溝，有些已經埋在地底，走著這各城市的發展，訪談在河之岸的老中青三代，重新挖掘這個城市的歷史，將走訪資料配合詩歌創作，剪接成影片並畫出走訪地圖。

圖6-20　水經注成果海報

閱讀：	悅讀：	走讀：	越讀：
• 古文——水經注 • 現代文——河川證據	• 紀錄片——他們在島嶼寫作 • 書籍——創世紀的創世紀	• 南苗到北苗，後龍溪	• 圖像、影像詩創作 • 創意閱讀推廣

圖6-21　水經注課程設計

圖6-22　水經注成果冊

表6-4　水經注課程計畫

八月	1.跨學科計畫課程規劃：國文科、社會科 2.網路平臺建立：苗栗水經注
九月	講座一：他們在島嶼寫作
十月	讀書會：創世紀的創世紀 活動：拼貼詩創作
十一月	講座二：詩樂——逆思無罪 活動：一行詩創作
十二月	講座三：新文青時代從錯誤到客來小城 活動：苗栗市城區發展介紹
一月	講座四：過城、溪盼
二月	活動：苗栗後龍溪走讀
三月	課程：影片剪接、成果資料收集
四月	活動：成果資料統整
五月	課程：服務學習概念 　　　創意閱讀設計
六月	活動：創意閱讀分享——國中生 延伸：從河川到海洋

延伸：從河川到海洋（如圖6-23）

水經×海洋：從河川到海洋

小小山城，注入，變成一片　海洋，凝結　圖+文+詩，知海親海　愛海！

海洋科技交流0521：Globe 海洋科技博物館

海洋社會0524：環島——67天徒步紀錄片，導演座談會

海洋環境0605：海洋垃圾島、科幻小說

海洋生態0605：中港溪口生態──紅樹林、生態

海洋藝術0605：漫畫、海報、動畫、多媒材

海洋社企力0605：淨灘、社區

海洋詩歌0606：流行歌大進擊、詩歌創作

（海洋詩歌展覽三週，票選）

跨海0720：環臺淨灘 苗栗站（後龍外埔）

跨海 0725-0825：臺大海研所 科普知識展

水經Ｘ海洋日：從河川到海洋

圖6-23　苗栗高中水經Ｘ海洋日

附錄三：數位時代資訊融入教學

聯合國經濟合作與發展組織（OECD, 2010）指出21世紀應具備的關鍵能力為：

1. 學習與創新能力：進一步可分為創造力、批派性思考、問題解決能力以及溝通與合作之能力。

2. 數位素養：包含資訊素養、媒體素養以及資訊與通訊科技素養。

3. 工作與生活能力：彈性與適應、主動與自我導引、生產力與責任以及領導與擔當。

教育部102年人才培育白皮書（教育部，2013）指出未來十年，我國人才應具備的6項關鍵能力，分別為：全球移動力、就業力、創新力、跨域力、資訊力、公民力。「2016-2020資訊教育總藍圖」（如圖6-24）從未來人才的角度切入，以學習為核心，描繪未來學生學習的圖像，並透過教學、環境及組織等面向，實現「深度學習　數位公民」之願景。應用科技及處理資訊是未來人才的基本條件，近年來資訊科技的發展，擴展了學習工具的數量和類別，也提升了學習工具的品質。無所不在的學習，人人擁有資訊科技，資訊無所不在，線上教學平臺，教學資源垂手可得，學習不再局限於校園，學習範圍不再限縮在教科書內，資訊大量且更新快速，學習也不再僅是強調增進傳統的個人智能，而更強調培育人與資訊科技合作的能力。因應數位時代的挑戰，新趨勢包含：運算思維、掌握資訊工具、深度學習、連結學習、創作學習五面向。

21世紀的今天，學生需要具備帶著走的關鍵能力，教學生知識，不如引導他們如何找到知識和應用於生活。如何善用數位工具進行自

圖6-24 「2016-2020資訊教育總藍圖」整體架構

我反思、自我調節是學生需具備的重要能力。如何運用合作工具共構知識，培養學生合作和領導的能力。如何運用社群媒體工具，培養關心社會與文化的數位公民。如何活用資訊科技資源，使學生成為具高層次思考的創客。其中一個核心原則就是資訊科技有效使用與融入教學。

　　近年來，教學科技與資訊科技的發展，隨著科技的進步與派典演化，在應用的角色上也有所不同，科技融入學習的理論基礎，從行為主義到建構主義、情境認知、學習社群等宏觀的教學系統設計，到微觀的學習導向、問題導向學習、社會學習理論、主題探究學習等教學設計。科技運用從單純的內容呈現、互動科技、智慧型系統、電腦模擬與虛擬實境、網路多媒體教學、遠距同步教學系統，到現在非同步的e-learning教學系統，線上磨課師（MOOCS）系統。電腦科技在教

學上的應用角色，從90年代初期的電腦輔助教學（CAI）、電腦輔助學習（CML），到90年代電腦輔助溝通（CMC），到現在資訊融入教學及數位素養（如圖6-25）。

　　資訊科技融入於課堂中，使得教師角色從媒體傳遞者變成學習促發者、導引者或學習的良師，教師所擔負的重要任務是創造一個足以引導學生學習的環境，以加速學生的學習，提升學習的效率。透過平板電腦或是筆記型電腦，每一間傳統教室變成行動化電腦教室，而不是要每個學生到傳統電腦教室上課。老師將課程資料放在網路上，產生行動講臺，透過手寫板講解，藉由手機或電子書等行動裝置，搭配無線網路引導學生進行情境式學習或在網路上進行討論。

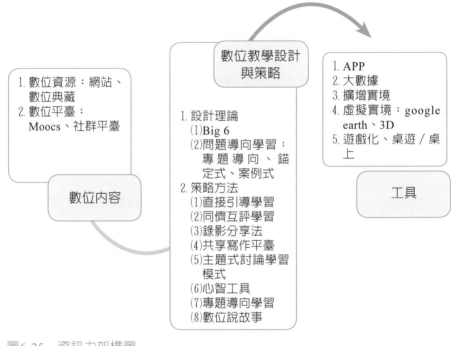

圖6-25　資訊力架構圖

以下就資訊科技融入國文教學的數位內容、設計與策略，及教學媒體的選擇與運用三部分，提供未來課程進行時的想像力。

第一部分　數位內容

㈠數位資源

1.國文教學網站（如表6-5）

網路資源層出不窮，俯首拾來都是資料，第一部分粗淺的將網路上國文網站進行分類，可以發現國文教學網站包羅萬象，從工具書到專屬性，從教學資源分享到教學社群互動。他山之石可以攻錯，提供了教學媒材，另可透過youtube搜尋相關教學素材。

表6-5　國文科教學網站整理表

分類	舉例
專屬性網站與綜合性網路	1.東華大學——詩路 　http://faculty.ndhu.edu.tw/~e-poem/poemblog/ 2.傳統中國文學http://www.literature.idv.tw/ 3.蘇軾文史地理資訊系 http://cls.hs.yzu.edu.tw/su_shi/
工具書網站	1.國語辭典 　http://dict.revised.moe.edu.tw/cbdic/ 2.成語辭典 　http://dict.idioms.moe.edu.tw/cydic/index.htm
資料庫檢索	1.國家圖書館當代文學史料系統 　http://manu.ncl.edu.tw/nclmanuscriptc/nclmanukmout 2.中央研究院漢籍電子文獻 　http://hanji.sinica.edu.tw/
教育部資源中心	1.高中國文學科中心 　http://chincenter.fg.tp.edu.tw/ 2.高中職資訊融入教學網 　http://hsmaterial.moe.edu.tw/schema/ch/index.html

分類	舉例
各大專／國高中教學網	1. 中山教育學程國文科網站 http://www2.nsysu.edu.tw/ezchinese/net.htm 2. 中山女中國文教學網 http://www.csghs.tp.edu.tw/~chic/index_in.htm 3. 流浪魚國文教室：https://sites.google.com/a/sysh.tc.edu.tw/strayfish0520/zui-jin-geng-xin
社群交流	1. 均一平臺──高中國文 http://flipping-chinese.wikispaces.com/home 2. FB：臺北市高中國文輔導團 https://www.facebook.com/groups/354084865201/?ref=ts&fref=ts

2. 數位典藏

　　民國87年起陸續推動「數位博物館計畫」、「國家典藏數位化計畫」、「國際數位圖書館合作計畫」三個計畫，並於民國91年正式展開「數位典藏國家型科技計畫」。此計畫結合國立故宮博物院、國家圖書館、國立歷史博物館、國史館、國史館臺灣文獻館、國立自然科學博物館、國立臺灣大學與中央研究院等機構，將各機構珍藏文物予以數位化，強調以學術專業的正確性作為數位典藏的品質保證，建立國家級的數位典藏，以保存文化資產與建構公共資訊系統為目標。從民國97年起，「數位典藏國家型科技計畫」與「數位學習國家型科技計畫」進一步整合為「數位典藏與數位學習國家型科技計畫」。整體而論，「數位典藏國家型科技計畫」的數位典藏內容皆由各相關領域的專家學者合作建置，無論在媒材本身的呈顯與考訂，或是對後設資料共通欄位的討論、設計與推廣，都有相當高的學術性與教育性。

　　(1)中研院數位典藏網：http://digiarch.sinica.edu.tw/

(2)典藏臺灣：http://digitalarchives.tw/

(3)拓展臺灣數位典藏計畫：http://content.teldap.tw/index/?cat=6

㈡數位平臺

網路學習e-learning 1.0邁入2.0，早期MIT開放課程（Open Courseware, OCW）在融入新的學習技術和觀念後，從單向邁向了雙向互動學習。近年來磨課師（MOOCS, Massive Open Online Course）大規模開放線上課程，除了傳統教材外（如：影片、閱讀、問題）外，整合社群網路和線上資源，促進教學與學習的效率，更重要的是MOOCS營造讓學習者能根據其學習目標、先備知識與技能，和共同興趣來進一步的自我管理與組織其學習參與與進度。而這一頗磨課師課程，透過這一些平臺也帶動起翻轉教室的風潮。

國外著名的Moocs學習服務平臺：

1.可汗學院（Khan Academy）www.khanacademy.org

薩爾曼・可汗在2006年創立的一所非營利教育機構。機構通過網絡提供一系列免費教材，現於Youtube載有超過5,600段教學影片，內容涵蓋數學、歷史、生物、天文學等。可汗學院利用了網路傳送的便捷與錄影重複，利用成本低的特性。每段課程影片長度約十分鐘，從最基礎的內容開始，以由易到難的進階方式互相銜接。教學者本人不出現在影片中，用的是一種電子黑板系統。其網站目前也開發了一種練習系統，記錄了學習者對每一個問題的完整練習紀錄，教學者參考該紀錄，可以很容易得知學習者哪些觀念不懂。

2.Coursera www.couresra.org

Coursera上給大眾帶來一些在線免費課堂，現有28個不同國家和地區的145所不同的大學，院校和學校提供在線課堂。

3.Edx www.edx.org

由麻省理工學院和哈佛大學創建的大規模開放在線課堂平臺。它免費給大眾提供大學教育水平的在線課堂，在edX網，也容許其他學校頒布課堂。edX計畫還要創建在線學習軟體，它比起課堂的視頻，會有更好的互動學習體驗。除了提供教育外，edX計畫還用來研究學習和遠程教育。

國內開放式平臺：

1.Ewant（育網開放教育平臺）www.ewant .org

ewant育網平臺是由兩岸五校交通大學（包括上海交通大學、西安交通大學、西南交通大學、北京交通大學及臺灣交通大學）共同合作發起、以全球華人爲主要服務對象的開放教育平臺，爲所有想要學習的華人提供免費的課程及學習資源。

2.ShareCourse（學聯網）www.sharecourse.net

清大團隊開發，開課單位以大學爲主，多種學生互動方式。

3.均一平臺https://www.junyiacademy.org/

均一教育平臺是由財團法人誠致教育基金會創辦。目標是透過雲端平臺，結合「翻轉教室」，提供「均等、一流」的啓發式教育給每一個人。目前涵蓋國小到高中，包含國中生物、理化、公民，高中物理、化學、生物、英文、地理。

4.cooc酷課雲 http://cooc.tp.edu.tw/index.htm

酷課雲爲臺北市教育雲，包含酷課學堂、酷課閱讀、酷課學習、酷課APP、酷課校園，提供學習者多元、豐富、免費的學習課程。結合知識地圖，協助學習者掌握自我學習進度，且記錄學生的學習進度、行爲，達到個別化學習的目標。

另外早期透過部落格，到Facebook、Twitter、Pinterest、

Instagram等社群平臺或moodle平臺、1 know、Zuvio等大大小小教育平臺，各大網站發展的教育雲（阿里雲、百度雲、網易、google classroom……）都可讓老師進行教學設計與課堂的延伸，達到學習無國界。

第二部分　數位教學設計

　　「資訊科技」就是運用電腦、多媒體、網路媒介，進行收集、處理、儲存及傳輸文字、圖形、影像、語音的技術。資訊科技具有虛擬化、網路化、互動性、整合性等特性，運用資訊科技融入教學，需了解學科特性，再加以選擇適用的工具。資訊科技日新月異，國內外數位學習伴隨者網際網路和科技的演進而普及發展，從原先科技融入教學開始，演變爲現今的行動學習時代。數位科技融入國文教學可以採用高中職行動學習推廣計畫中所提出混合式行動學習模式（Blended Mobile Learning Model）（如圖2-26），其中學習環境特色包含：

1. 資訊獲取與分享的便利性：學生可以隨時透過行動載具與無線網路獲得需要的資訊，也可以與同儕進行分享。

2. 學習不受時間及場地的限制：不論在教室內、戶外或是移動過城，學生可以透過行動載具，隨時隨地進行學習。

3. 搭配眞實情境來學習：透過學習活動及環境的規劃，學生可以在眞實環境中觀察學習目標，並經由與行動載具和數位學習系統的互動，獲得引導或補充資料。

4. 記錄學生在眞實環境的活動歷程：學生操作過程被記錄下來，作爲未來教師改善教學活動或學生改善個人學習策略的依據。

5. 翻轉式行動學習：學生利用行動載具以及相關網路資源，於

課前了解基本知識，並利用學習到的基本知識，進行教室內之行動學習或探究活動。

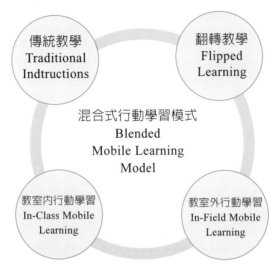

圖6-26　混合式行動學習模式

(一)數位教學設計理論

資訊科技融入國文教學常用的兩個理論：Big6技能與問題導向學習。

1.Big 6技能及融入主題式教學（如圖6-27）

以學生為中心，透過Big 6技能，提供機會讓學生發展獨立學習技能，鼓勵學生以不同方式去搜尋、分析、整合、評估、運用其所擷取的資訊，以增進資訊素養，培養自主學習、問題解決與終生學習的能力。

圖片來源：http://2.bp.blogspot.com/_2fHVz7IeIDg/TSqSjrh3cwI/AAAAAAAAAN4/
jCj20hW0BeI/s1600/%25E5%259C%2596%25E8%25A1%25A81.jpg
圖6-27　Big 6技能

　　Eisenberg與Berkowitz內涵包括：定義問題階段、資訊尋求策略
階段、找到與取得資訊階段、利用資訊階段（閱讀與摘要）、整合資
訊階段（組織與呈現）、評鑑資訊階段。這六步驟形成一種系統化的
資訊問題解決過程，是學習者自我建構的過程，也是教師教學指導的
策略。

2.問題導向學習（Problem-based Learning）理論

　　教師善用電腦多媒體或網際網路資源，營造一個問題導向學習情
境，將學習者置於有意義的問題解決情境中，激發學生學習動機，以
培養學習者批判思考、問題解決能力等高層次思考能立，進而強化學
生後設認知能力，促進學習遷移。

　　張春興（1994）將問題歷程與策略歸納為：發掘問題、了解問
題、收集資訊、實際行動、評估結果等五階段，由此理論發展出專題
導向學習、錨定式情境教學、案例推理學習等不同類型的教學策略。

(二)數位教學策略方法

　　高中職行動學習推動計畫主持人臺科大黃國禎教授與賴秋琳博士，發展混合式行動學習模式，讓學生透過多種管道進行學習，提升學習效率。除提出混合式行動學習模式外，研究者更列出十大行動學習教學策略（如圖6-28），輔助教師根據學科特色發展以及教學目標發展有意義的行動學習教學活動，可作為數位時代國文教學策略的參考。

圖片來源：http://mlearning.ntust.edu.tw/
圖6-28　行動科技＋翻轉學習十大策略

第三部分　國文・數位教學工具

㈠APP分類

　　資訊科技日新月異從原先科技融入教學開始，演變為現今的行動學習時代，行動載具包含：

　　1. 本身硬體功能：拍照、錄音／錄影、筆記本、QRcode掃描、日曆、時鐘、wifi

　　2. 網路資源：各式各樣網站、雲端社群、youtube、社交平臺

　　3. APP：各式工具（如圖6-29）

課前
1. 學習平臺建構：FB或moodle或google classroom或1 know學習資料上傳
2. 教材收集：evernoye或onenote
3. 教學進度：google日曆，師生共用

課中
1. 作者教學
　⑴google earth／google map情境教學
　⑵youtube影音
2. 課文
　⑴互動式電子書：Ibook、flip PDF、Simmagic
　⑵翻轉課堂：explain everything、shwme
　⑶心智圖：X-mind、mindlap
　⑷協作平臺：google文件
　⑸即時回饋：socrative、kahooot

課後
1. 學習平臺延伸：FB或moodle或google classroom或1 know，心得分享／作業
2. 雲端：gogle driver

圖6-29　行動教學工具

網路時代的來臨使得資源無界限，行動載具的普及使得學習無界限，透過行動載具本身硬體功能，以及連結網路後的網路資源以及延伸APP，造成學習的革命。日新月異的app，彷彿面對一個小宇宙，app應用程式如此繁多，取用技巧在個人。2012-2013年，筆者於國文科學中心發表〈國文天堂：平板進入高中國文翻轉教室〉（https://goo.gl/V4iTMr）就適用國文APP進行分類，筆者認為app使用不在多，可搭配教學策略，選擇適用的、穩定的就可。以下提供筆者平日進行教學使用的基本工具：

（二）大數據

　　2012年結束為期12年「數位典藏與數位學習國家型計畫」，邁入了數位人文時代，透過電腦分析大量的文本資料，在「人文研究思維」結合「數位推論技術」開啟人文研究新的方法和視野，以下提供兩個人文研究角度

　1. 文字雲：最早是紙本逐字索引研究，第二階段則是系統的逐字索引與數量統計研究，（如圖6-30）現在進入第三階段，發展中的是概念共現和概念分布並用。

　　HTML5文字雲https://timdream.org/wordcloud/，可製作文字雲，如《論語》一書關鍵字為何，延伸到作家作品特色說明

　2. 統計分析：FB〈數感生活〉，就羅鳳珠教授對詩經、漢樂府、唐詩、唐宋詞裡面描寫季節的比例。發現果不其然，春天與秋天的比例最高。其中又以唐宋詞的春天最高，有高達70%比例描寫季節的詞是在講春天，秋天有28%，剩下來的夏天跟冬天加起來不到2%。唐詩與漢樂府也是相對集中在春秋，唯獨詩經是以夏天最多，冬天第二，秋天反而最少，只有14%（如

圖6-31）。

圖片來源：http://ctext.org/media/analects.png

圖6-30　文字雲

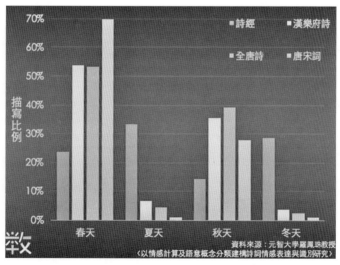

圖片來源：數感實驗室 Numeracy Lab（https://www.facebook.com/numeracylab/

圖6-31　大數據應用於國文教學

3. 文本分析：政治大學劉昭麟教授〈語文分析方法在數位人文的一些應用——《紅樓夢》、《西遊記》及其他〉，舉「《紅樓夢》裡誰最愛笑？」這個問題為例，說明比例分析有時比頻率分析重要（如圖6-32）。

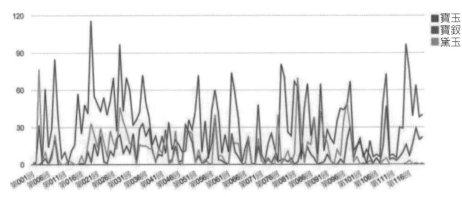

圖6-32　紅樓夢，主角微笑統計

(三)擴增實境

　　擴增實境（Augmented Reality，簡稱AR），是一種實時地計算攝影機影像的位置及角度，並加上相應圖像的技術，這種技術的目標是在螢幕上把虛擬世界套在現實世界並進行互動。擴增實境於國文教學應用：

1. 教室內：作者延伸資料，掃描作者時，能出現浮動的擴增資料，變成另一種互動式電子書，延伸學生學習（如圖6-33）。見筆者〈白話

圖6-33　擴增實境——鍾理和

漾～智造特色

文突圍──我的書齋https://goo.gl/tHwl70〉，利用AURASMA
程式製作

2. 教室外：校外參觀時，以GPS定位或實景圖片掃描，作為
參觀時的延伸資料（如圖6-34）。如：遇見老臺北（http://
digitalarchives.tw/Apps/TaipeiHistoricalMaps/）、漫遊老臺南
APP（http://digitalarchives.tw/Apps/TainanHistoricalMaps/）。
筆者於2015年利用Junaio系統進行鄉土書寫──文學地景，讓學
生出發前能有個引導，也可直接點選找到基本資料，然後透過連
結google表單回傳任務。

圖6-34　擴增實境──山海經

目前有一些簡單的程式，如「Wikitude」的軟體，首先它會利用GPS掌握你的位置，接著使用3G網路下載附近的地標與建築資料，最後利用電子羅盤掌握方向，在鏡頭所拍攝的影像上加上注解，透過手機螢幕就能看到現實影像與網路資訊的重合。

㈣虛擬實境：google earth

　　1.戴上VR眼鏡，結合手機 APP，學生可以虛擬體驗去到沒去過的地方，如進行陳列〈玉山去來〉，可讓學生看到玉山，進行徐志摩〈再別康橋〉進入劍橋，讓學習有深入其境的體驗。（如圖6-35）

圖片來源：https://goo.gl/GajzPM
圖6-35　虛擬實境googlecardboard

　　2.透過google earth/google map，進入街景，如李黎〈愛之淚珠〉，透過google earth連結影片、圖片，連結3D建築，導引學生進入場景。（如圖6-36）

圖6-36　google earth 泰姬瑪哈陵

或利用路線圖或套圖，繪製作者生平，進行導引。（如圖6-37）

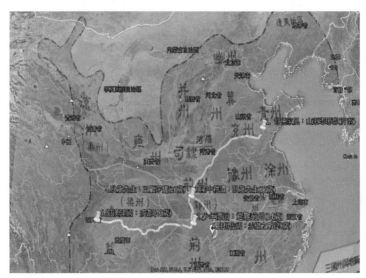

圖6-37　諸葛亮生命圖像

㈤遊戲式學習（Game based learning）

學習動機是驅使學生進行學習的重要動力因素，許多研究已經證實利用遊戲來進行學習，可以激發學生的學習動機外，藉由將學習內容和遊戲做整合，可讓學生在遊戲過程中不知不覺地接受與學習到遊戲想傳達給學生的知識與技能，產生「悅趣化教學」。不同類型的遊戲，有其適合搭配的教學方法、教學活動、績學內容及教學原則，所採用的教學法包括直接、經驗、情境、發現方法。

教學遊戲粗略可分為：實體的桌遊和電腦版的遊戲。（如表6-6）

1. 實體的桌遊：時下最流行的桌上遊戲，可以利用現成的桌遊導入到教學，或自製桌遊，導入到教學。以下分享筆者於語文創意教學與創意閱讀教學的使用。

    ⑴語文教學：由初階的文字聯想、圖像聯想到故事連結，從創作到表達。

表6-6　桌遊應用於語文教學

初階--------------------------------進階--------------------------------高階				
故事骰	妙語說書人	估估劃劃 機密暗號	從前從前	驢橋 山中小屋

故事骰圖片：http://pic.pimg.tw/tablegames168/1312877149-df0db82a346b7
54409cf748a3313a225.jpg

妙語說書人圖片：http://e.blog.xuite.net/e/4/6/9/13456639/blog_163554/
txt/42504349/1.jpg

估估劃劃圖片：1.http://4.bp.blogspot.com/-C6YTOfkjePU/VkQqBlgUBRI/
AAAAAAAHxE/HL3VeAK-4yc/s1600/12243088_1160310610648984_373
08133060754288_n.jpg

機密暗號圖片：https://s.yimg.com/xd/api/res/1.2/SHTo2t1UFk1vBKx8RJ
bitQ--/YXBwaWQ9eXR3YXVjdGlvbNlcnZpcY2U7aD01MjM7cT04NTtyb3
RhdGU9YXV0bzt3PTUxOA--/http://nevec-img.zenfs.com/prod/tw_ec05-
7/89e5a2b6-5bbf-47ff-8662-6db9a6957752.jpg

從前從前圖片：http://www.rv530.com.tw/pichouse/4914d8520d04cc80294dd
93a186b3f60.jpg

驢橋圖片:http://2.bp.blogspot.com/-bZrRwI3ymr0/UD7YqAEkFxI/AAAAA
AAAEpk/zHnYxwAf8kE/s1600/DSCN7660.JPG

山中小屋圖片: http://crowbox.cc/assets/img/project/betrayal-at-house-on-the-
hill/bahoth_8.jpg

⑵創意閱讀：筆者嘗試「一本書＋一部電影＋一份桌遊」，透過電
影引導出主題閱讀，全班共讀一本書，切入閱讀策略，最後出乎
桌遊，增添閱讀的思考、發想與創造。（如表6-7）

　　透過桌遊可以讓學生趣味化的學習，如大富翁系列的「唐詩精
選」、「論語精選」、「孫子兵法」、「三國群英會」、「戰國
策」，或老師化用桌遊機制，自製桌遊，添增學生學習的樂趣。也可
讓學生就一個主題創作桌遊，模仿桌遊機制，進行在地走讀〈XX印
象〉，或是課文桌遊創作。筆者曾就苗栗山海經創意閱讀，以吹牛機

制，製作山海經創意桌遊（如圖6-38）。

表6-7　創意閱讀設計

主題	書	電影	桌遊
人性	正義，一場思辨之旅	屍速列車	瘟疫危機
海洋	大崩壞	明天過後	推倒提基 / CO2
經濟	所有的問題，都是一場賽局	王牌對王牌 驚爆十三天	空中之城
歷史	三國演義	赤壁	三國殺 / 風聲 / 羅生門

圖6-38　自製桌遊——山海經

2017年以「華容道」機制設計苗栗搜神記桌遊。廟宇華容道借用此概念，設定苗栗十間廟（學生任務包的十間廟宇），讓學生藉此認識苗栗客家廟宇，並結合finding a way街景模擬器電動遊戲，讓學生出訪前，先熟悉苗栗廟宇所在地及相關風俗！

圖6-39　搜神記──桌遊設計

2.電腦版的遊戲

電腦版遊戲可以用現成遊戲進入情境，如「三國演義」電動，或是利用一些線上遊戲進行教學。日前已有許多高階的工具可以簡易與快速的讓使用者製作出生動的遊戲內容，如：RPG maker、scratch tool、unity……。

(1)RPG情境遊戲（如圖6-40～6-41）

筆者日前透過RPG遊戲設計，讓學生以闖關方式，透過一個落入凡間文昌君，尋找歷代筆靈的故事脈絡，學習文學史概念。透過遊戲，學生對於知識概念的掌握，對於學習的動機增強。

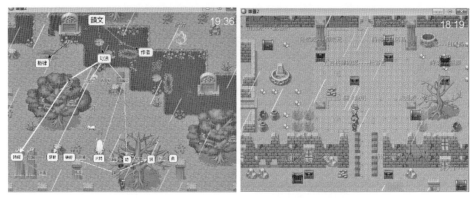

圖6-40　RPG中國文學史

圖6-41　finding a way苗栗搜神記

　　⑵finding a way街景模擬器（如圖6-42）

　　2017年筆者使用臺科大侯惠澤教授團隊研發「情境式學習——街景遊戲編輯器」（NTUST MEG "finding a way, map-based educational game maker"），本編輯器結和google公開的google map street view api技術，可以在街景圖中用滑鼠移動角色找尋線索（部分區域用鍵盤無法直接到達需使用滑鼠圓形標記到達），也可對應至左方的地圖以了解目前的所在位置，在尋找過程中若遇到線索或觸發事件時會有相對的提示視窗出現。

筆者以苗栗市客家廟宇探索課程，結合在地節慶，進行創意閱讀教學，設計故事場景，讓學習者在街景中探究史地人文知識的遊戲。

連結：http://www.ntustmeg.net/WAY/

選取：2017 聲情Ｘ搜神：苗栗搜神記——苗栗高中

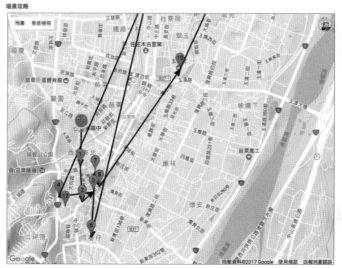

圖6-42　finding a way苗栗搜神記設定點

第七章

結語：探索高中國文多元選修的各種可能

丹鳳高中國文科　宋怡慧老師 / 苗栗高中國文科　黃琇苓老師

一、課程設計發想

　　課程永遠是學校發展的關鍵（Eggleston, 1980），在全球化競爭的時代，「特色」將是所有學校經營的重點。在十二年國教發展的脈絡下，發展學校特色將是各校學校是否能永續優質發展的關鍵。

　　特色課程是建構在學校特色與本位課程發展的基礎，以學生為中心，以能力與素養導向設計的課程，以期讓學校課程發展更具有永續經營的特色。教師能由下而上跨年段、跨領域、跨校、跨縣市共同備課，提供學生更適性多元的學習選擇。課程設計需符應學校願景與目標，發展的校本課程、核心能力與評量規準皆需扣緊學生的多元能力與價值，才能真正落實適性揚才的課綱精神。

二、高中特色課程之規劃

　　特色課程是屬於現代與後現代的綜合型課程，因此，特色課程理

論觀兼採現代與後現代課程觀，作為其課程立論根基與哲學基礎。多元特色課程之發展需依據「十二年國民基本教育課程綱要」發展部訂課程（部訂必修與加深加廣選修課程）與校定課程（校訂必修課程、多元選修課程、補強性選修、團體活動與彈性學習等課程）。各類型課程需對應十二年國民基本教育課程綱要之核心素養。學校依據學生圖像和課程規劃繪製課程學習地圖。多元特色課程要有明確的學生學習目標、課程架構與其他課程內涵之連繫，學習評量、課程規劃主題內容及課程所需之環境或設備需求。因應十二年國教課程發展結合就近入學在地化及適性多元發展為目標，讓多元彈性課程凸顯「學校特色」與「校本課程」為設計概念。

　　高中特色課程規劃需依據「十二國教課程綱要總綱」提到普通型高級中等學校與技術型高級中等學校架構包括部定必修、校訂必修、選修、團體活動及彈性時間。另外，各校應將性別平等、環境、資訊、能源、品德、海洋、生命、人權、法治、安全、防災、多元文化戶外教育、國生際教育、生涯規劃等議題探究納入相關課程中，以期讓學生在不同的科目脈絡中思考這些議題，以收相互啓發整合之效。那麼，學校特色課程對應十二年國民基本教育課程綱要之核心素養，學校依據學生圖像和課程規劃繪製課程學習地圖，發展學校特色與人才培育，符應十二年國教課綱之趨勢，透過多元創新的特色課程發展，落實因材施教、開展學生多元智能、多元創意。特色課程的核心價值要能符應學生適性化的選擇，讓學生擇其所愛，愛其所選，開展天賦達到適性揚才的目標。

三、特色課程的性質

從學校特色的意義和發展，在吳炳銅（2003）〈學校本位特色課程發展實務〉一文中，提出特色課程至少包含以下幾個特質：

(1)特色課程是實現學校願景，學校全體教職同仁共同努力的方向和目標，是匯聚集體智慧和創意，追求卓越的教學品質，發展創意校園，培養卓越創意的獨特課程。

(2)特色課程是凝聚教師共識，會集共同的努力所精心規劃設計的課程。全校教師在共同關心的議題和目標上，不僅可以提升教學效果，學生也在此氣氛中樂於學習，而凝聚教師及學生對學校的向心力。

(3)特色課程應具有「獨特性」，當然在思考和發展學校特色課程時，要特別強調「用心」與「創意」。

(4)特色課程必須符合整體課程目標，不符教育本質和背離課程目標的活動和表現，均非特色課程所應為。

(5)特色課程應考量整體性和全面性，實現教育機會均等。

(6)特色課程應具延續性與一致性，而非片面式或即興式的課程。

「特色課程」是依照學校願景與教師的共識，集合整體的智慧與創意。在學校特有的特色下，所共同努力精心規劃有別於它校的課程，且需考量整體性、延續性，反應社會正義，實現教育機會均等的理想課程。發展學校特色課程也可進一步帶動教師專業成長及課程自主創發上的培力。換言之，特色課程是建構在學校本位課程發展與學校特色的基礎上，亦可說是學校本位課程發展與發展學校特色的交集。

薛雅慈（2012）因應十二年國教下我國高中特色課程政策的發展趨勢，兼論當前優質化高中特色課程發展型態提到發展特色課程應注意的四個面向（如圖7-1）：

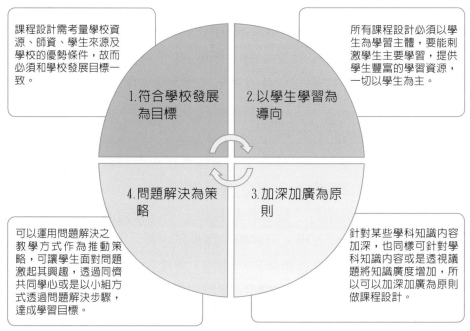

課程設計需考量學校資源、師資、學生來源及學校的優勢條件，故而必須和學校發展目標一致。

所有課程設計必須以學生為學習主體，要能刺激學生主要學習，提供學生豐富的學習資源，一切以學生為主。

1.符合學校發展為目標

2.以學生學習為導向

4.問題解決為策略

3.加深加廣為原則

可以運用問題解決之教學方式作為推動策略，可讓學生面對問題激起其興趣，透過同儕共同專心或是以小組方式透過問題解決步驟，達成學習目標。

針對某些學科知識內容加深，也同樣可針對學科知識內容或是透視議題將知識廣度增加，所以可以加深加廣為原則做課程設計。

圖7-1　優質化高中特色課程四個面向

筆者就薛雅慈的研究，將當今優質化高中特色課程發展整理如下表，作為發展高中特色多元選修課程的設計方向，也陳列出該發展型態中的優缺點，作為設計課程時的聚斂思考。

表7-1　優質化高中特色課程發展優缺點

項次	發展型態	優點	缺點
1	以「學校既有的優勢學科」或「可發展成特色的學科」設計重點特色課程	以優勢學科或具特色的學科發展特色課程，不但可結合教師創新教學與教材研發，更能進一步促動教師專業發展，並讓學科教學生動活潑。	學校在發展學科特色課程時，需注意教育機會均等的課題，特別是學科資優班延伸的特色課程。學校特色課程應屬全校學生共同享有而非少數精英學生的專利。
2	以「跨領域或跨學科課程」設計特色課程	發展跨領域特色課程是具創新、符合當代課程設計理念的課程，學生在其中可感受到知識的活絡與統整，教師更可從中激盪不同領域對話與合作。	注意不能讓學生感受到只是複製教材式的跨學科，如社會科結合地理、歷史、公民，跨學科重點應是主題概念的統整與學科創意的結合，才能達到知識與思考深化的目的。
3	結合「教師創新教學」或「自行研發課程教材」設計特色課程	創意教師常能激發創新教學的靈感，自行研發教材，更是推動特色課程的靈魂人物。	避免流為明星式、單打獨鬥式的發展，要強化教師團隊協同合作的特色。
4	結合「教師專業學習社群」設計特色課程	教師專業社群是教師團隊精進課程教學的展現，可藉此團隊動能的啟動，進一步促發學校創新與特色課程的發展。	教師專業社群的發展應該要有目標、系統，才能持續統整出有學校特色的課程。
5	以學校重視推動的「○○教育」設計特色課程	常見的幾種特色課程：生命教育、閱讀教育、品德教育、本土教育、國際教育，這類以○○教育作為校本特色課程，可快速結合原本學校既有的特色。	應注意流為煙火式的學校活動，無法將之聚焦為永續發展的特色課程。

項次	發展型態	優點	缺點
6	以「議題融入教學」設計特色課程	以議題融入教學的方式，與○○教育作為校本特色課程一樣，可快速結合原本課程已具備的特色。	但學校需要思考的是與過去沒有特色課程時，授課內容的差異，是否更具課程的規模也且更深化。
7	以「在地自然生態」或「社區人文特色」發展特色課程	以社區自然生態或人文特色建構特色課程，非常符合學校特色及高中社區化的理念，也是讓學生關心社區或鄉土的一種課程行動。	部分學生不一定對在地自然或人文有感情甚至感興趣，社區如何搭配其他特色課程的創意行動：如在地的全球化，或結合跨學科的活動，或許較能引起非典型社區學生參與此特色課程的興趣。
8	結合「社會資源」或與協會合作發展特色課程	結合社會資源發展特色課程不失為充實學校外部資源及落實外部參與的作法。	需注意的是確定有課程之發展，如單單是營隊、研習或活動並無法稱得上是特色課程。
9	以「學校特色」發展特色課程	以學校特色發展特色課程，不僅能提供學校成員不斷檢視其學校願景，又能延續學校傳統的特色並加以深化。	需注意的是確實有課程落實，而非只是實施計畫或行政辦理的活動。
10	以「多元創意課程理念」發展多樣特色課程	多元創意是21世紀全球化變遷強調的課程與學習重點，多元學程不失為好的選擇。	多元創意課程本屬綜合高中的課程特色，普高需組織統整以主題或跨學科的整合方式，才能呈現出校本特色課程的樣貌。
11	與大學合作發展特色課程	與大學合作不失為高中課程加深加廣的策略。	合作常常是點綴式的合作，無法像歐美高中能與大學合作開設AP學分學程。

五、高中國文多元選修課程方向

　　十二年國教國文課綱提出「一貫性、銜接性、統整性、差異性、多元性、實用性」六大課程發展原則（如圖7-2），延伸出中華文化基本教材必修課程，語文表達與傳播應用、專題閱讀與研究、各類文學選讀、國學常識選修課程。因此在設計多元選修課程時，可基於這樣的發展原則，進行特色多元課程的規劃。

一貫性：
學生語言經驗，結和生命經驗，縱向連貫。

銜接性：
口語表達到語文學習策略，思辨到語文知能與文化素養。

統整性：
跨學科、跨領域、發展在地特色課程，結合學校資源，發展教師專業社群，設計課程與教學活動。

差異性：
多元選修，提供學生個人學習需求。

多元性：
議題融入，性別平等、人權、環境、海洋四大重要議題，及相關議題。

實用性：
日常生活運用，資訊媒體融入。

圖7-2　十二年國教課綱，課程發展原則

　　擘畫未來國文特色課程心法與招式兩大方向，六大課程發展，企圖從表達能力到語文素養的提升（如圖7-3）。所謂的「能力」是指人能勝任、完成某項工作的自身條件，重在功能性；「素養」則是指人通過長期的學習和實踐在某一方面的高度，包含功能性和非功能性。國語文的學習從知識和能力，到過程與方法，到情感態度與價值思辨，從己身出發到社會以至於外在環境。

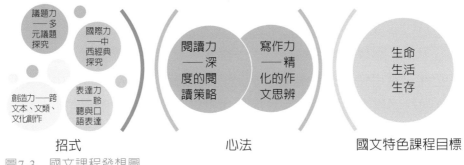

| 招式 | 心法 | 國文特色課程目標 |

議題力——多元議題探究

國際力——中西經典探究

創造力——跨文本、文類、文化創作

表達力——聆聽與口語表達

閱讀力——深度的閱讀策略

寫作力——精化的作文思辨

生命
生活
生存

圖7-3 國文課程發想圖

　　國文科在開設特色多元課程時的目標在於引導學生跨越單一領域的思考，跨學科培養學生多元素養，提供學生在不同領域或專業的發展，將語文課的主軸對應到學生自身生命與所存世界的觀察與思考，最後能以文字或口語來表述溝通、同理對話，讓語文教學上，皆能擁有思辨與帶著走的能力。學生依其不同天賦潛能、能力興趣，選擇不同主題範疇的書寫與閱讀主題，達到適性多元之發展，也啟發個人語文表達與書寫能力的素養。

六、高中國文多元選修課程規劃

㈠資訊的運用

　　資訊科技的日新月異，造就教學創新的可能性，數位學習的爆發力，開拓學習的另一番風景，傳統課堂上的投影片、影音的應用，透過手機、網路，形成無所不在的學習，激盪出更不一樣的互動。數位時代下的語文學習有了新的風貌，教學上「以學習者為中心」，設計上以「學科本位為主」，善用媒介的特性，設計教學活動，讓學生參與程度更高。以往傳統教室依靠白板、黑板、口頭的互動，結合「即

表7-2　跨領域統整、核心素養、適性揚才檢核表

【多元特色選修課程——跨領域統整、核心素養、適性揚才檢核表】

科別：國文科

跨領域統整（與其他學科協同發展教材、協同教學）（請勾選，可複選）	
□國文 □英文 □數學 □物理 □化學 □地理 □歷史 □公民 □地科 □其他（學科名稱：藝能科）	
發展績效與檢核：學生核心素養提升（請勾選，可複選）	
核心素養	□語文素養 □數學素養 □科學素養 □數位素養 □教養／美感素養 □國際素養
學生適性揚才（請勾選，可複選）	
適性	□自我探索 □定位學習投入
揚才	□理性與批判思考能力 □應變與創新能力 □社會互動與實踐能力

時反饋」系統與手持裝置（如手機、平板）開始在教室中提高了更多的互動。科技化引發了學習的動機，建構了學習歷程，開展出不同學習的風貌，最終走向個別化，因材施教的教學。因此，國文科若能在「學校特色」、「校本課程」、「特色課程」相關的課程概念上，設計出具有國文教學多元特色的課程，即能培養具備語文核心素養的未來學子（如圖7-4）。

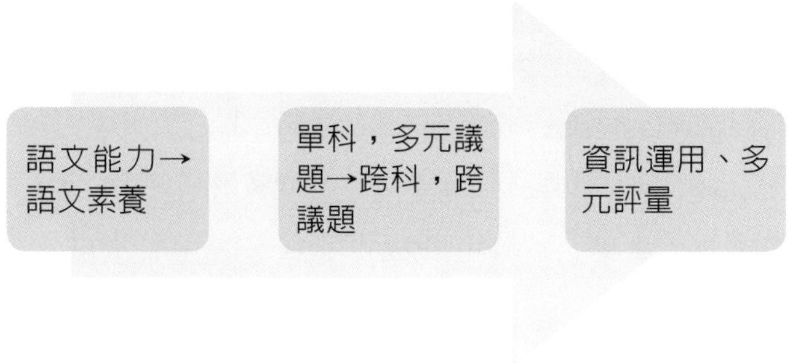

| 語文能力→語文素養 | 單科,多元議題→跨科,跨議題 | 資訊運用、多元評量 |

圖7-4 國文多元選修課程發想方向

2012年開始邁入了數位人文時代,打開人文寶藏的數位鑰匙,透過科技探勘資料,尋找到一些新的契機,如利用詞頻統計來討論《紅樓夢》後四十回,利用地理資訊系統,觀看歷代文人分布,利用中國歷代人物傳記資料庫(CBDB),研究人際脈絡圖等。人文學科的跨界,文史地的結合產生了一些國文教學的新想像。國文課程設計時,結合資訊的運用,從數位內容、設計與策略,從教學媒體的選擇、教學平臺的運用,讓資訊科技開始走入傳統的國文教學。

(二)共備課程的發展階段

多元選修課程沒有單一教材,必須結合跨領域教師分工合作,相互激盪創意,達到共備課程效果。因此,教師特色課程社群,以增能工作坊定期研習,對話與共學,才能找到符應多元特色課程的教學模式,提升學生學習的創新教學思維與教學方法,亦現場所稱之翻轉模式,使學生成為課室的主要學習主體,讓教師成為課程中負責規劃議題、引導議題的隱性施教主體。這種翻轉教學的模式,需要教師不斷地學習,透過校內同儕共學,校外資源挹注、社群討論激盪,讓社群教師擁有不同的教學視角與創新教學的能力。

課程發展期程可分為以下三期，見圖7-5：

圖7-5　課程發展三期程

　　進一步思考各校在發展多元選修課程時，必須依照學校願景與目標，運用環境掃描（SWOTs分析）進行學校發展現況診斷，就「行政效能」、「課程發展」、「教學活化」、「學生學習」及「教師專業發展」等五大面向進行環境掃描分析提出因應策略。根據學生圖像，設計適性揚才和學校永續發展之特色課程，以發展學生學習與素養能力為核心，聚焦於課程與教學之創新，符應「十二年國民基本教育課程綱要」之精神與政策目標來發展各校多元彈性課程課程。從中學國文課程的學習，由內至外、從外至內，發想國文多元選修課程之規劃。以下即引述麗山高中藍偉瑩主任所提出的跨科共備課程發展

進程：

(三)如何發展跨領域課程

跨領域課程是十二年國教課綱中的一個亮點，會使得學習不單單導向分科分流，而能幫助學生建立整體觀。發展跨領域課程對社群老師而言是一場探險之旅。老師得先冒險一次、自學成長一次，培養素養之後，才可能發展出有品質與深度的課程，進而培養出學生的素養。

其中「議題導向」是值得推薦的跨科起點，意味著一個真實存在的問題或情境，一個值得被研究的主題。其發展次序如下：

1. 決定議題：值得被關注並具有永續性的想法與作法。好的議題可大可小，也適合差異化的學習，可運用團隊共創的歷程，依據學生差異設計廣度與深度。

2. 確定目標：可先以原則性的議題為材料，而欲培養之能力為骨幹。例如透過觀察校園周邊環境的主題，培養學生深入探索及思考表達的能力。

3. 決定學習概念（認知、情意與技能）：每個議題相關的概念必須限縮範圍，即使只選了部分的概念，但學生可以藉由自學去延伸其三面九項的系統思考等（可以由社群夥伴寫下課程特有的重要的概念，也可包含課綱核心或校本素養）

4. 決定學習成果：確認了課程目標的起點，接著便要設定學習成果，包含每一個能力的檢核點（非指紙筆測驗）以及整合性的總結性評量。跨領域課程的特點是在解決問題的過程中學習概念，並在解決問題過程裡培養素養。

5. 決定概念發展次序：3中所確定之概念，有基礎、有延伸、有整合，因此規劃概念發展次序將使得學生學習變得流暢，學生發展變得有層次且循序漸進。

6. 確定18週大綱：整體課程的架構與內容確定後，接著要訂出18週的大綱。由於跨領域課程是實作課程，且多為小組活動，故每節課程都需要留給學生許多討論、思考與產出的時間，因此在課程規劃時宜把握少即是多的原則。

　　18週的大綱要同時考慮概念與素養發展次序，並記得安排檢核點，確認學生能夠自在運用所學的概念（週數可依實際狀況調整）

7. 規劃每週課程內容：依據18週的大綱，將每週的學習單發展完成。如同18週大綱的建議，每週的內容量需要留意不可太多，課程所需要的設備與耗材也應及早確認。

　　附帶要注意的是：當議題決定了，真正要做的第一件事不是訂定目標，而是社群增能，無論是讀書會、專家演講等，要先廣泛涉獵資料，再進行課程目標與概念的聚焦和收斂。如果漏了這個部分，課程就會變得淺薄。另筆者彙整相關資料，統整出以下表單，作為多元選修課程發想的步驟，分析學校環境，掌握學校特色，進行本科或跨學科課程設計，最後擴大到校本位課程地圖的完整（見表7-3～7-5）。

表7-3 學校環境掃描分析表（陳佩英教授研發之優質化高中申請表格）

項目	內部		外部	
	優勢 Strengths	劣勢 Weaknesses	機會 Opportunities	威脅 Threats
課程規劃相關行政工作				
課程發展				
教學活化				
學生學習				
教師專業發展				
重點發展課題 （依據SWOTs分析之綜整結果，提出學校當前最重要的發展課題）	因應策略 （學校可依據分析結果，思考如何重振基礎、提升優勢、破除限制及找出替代作法）		對應之多元選修特色課程	

表7-4　課程規劃表（陳佩英教授研發之優質化高中申請表格）

課程名稱		課程類別	□校訂必修 □多元選修 □加深加廣選修 □補強性選修 □彈性學習 □團體活動
課程說明	請扼要說明開課緣由或課程內容方向		
授課對象			
任課老師 （依開課序）		課程時數	每週　　節，共　　學分
開課年級 （可複選）	□一年級　　□二年級 □三年級	每班修課 人數	～　　人
學習目標 （預期成果）			
與十二年國教 課綱對應之核 心素養	請參照「十二年國民基本教育課程綱要」		
課程架構	1.簡要說明課程架構及主要內容，並說明課程進行方式。 2.可用心智圖、結構圖、樹狀圖或條列指標說明等方式呈現。		
與其他課程 內涵連繫	縱向	請扼要說明與本領域課程後續學習的關聯	
	橫向	請扼要說明本課程和其他領域學習的關聯性	
教學方法 或策略			
學習評量	可包含形成性與總結性評量		

規劃內容 （請自行依需 要增列欄位）	單元主題	單元學習內容
環境與教學 設備需求		

表7-5　校本課程學習地圖

	必修	多元選修	加深加廣	校定必修	彈性學習
高一上					
高一下					
高二上					
高二下					
高三上					
高三下					

資料來源：請參考運用，若有其他課程，項目欄位可視學校狀況增添。

七、後記

　　在《教育的想像 ── 演化與創新》（中國教育學會，2015）一書裡，宜蘭縣政府教育處長簡菲莉曾提出「探究0與1之間的各種可能」的動能領導概念，期望經由全面性的系統變革來推進「以學習者為中心」的課程創新與教學活化。隨著時間的累積，各項微型改革的行動成果將喚醒校園中深藏的能量種子，讓教師社群成為解決問題與行動方案的變革者。

本書所集結的五種教案，從單科設計到跨科整合，從文本到數位的跨越，從個人到社區，從單元到議題，服膺著視覺、閱讀、在地、資訊與全球化的各種面向，提供策略性的模組及實作的步驟，這是特色課程教學萌芽的開端，亦可作為未來設計多元選修課程的參考。

　　讓我們一起發想所有國文教學的可能性，走入國文教學的生命，淺入、深出，服膺各校學生圖像之不同，設計出適性揚才與學校永續發展的特色課程，以各校多元彈性選修課程，讓語文教學與課程設計與時俱進，看見課堂的繁花盛景，更讓有效的學習奠定人文素養和語文能力，成為未來乘風而行的雙翼。

參考資料

中文部分

1. 李文富（2015.12.29版），《107普通高中課綱的理念、設計邏輯與特點國家教育研究院課程及教學研究中心》。
2. 國家教育研究院（101.10），《十二年國民基本教育高中、綜高、高職、五專學校實施特色招生之特色課程規劃研究》。
3. 國家教育研究院（101.10），十二年國民基本教育高中、綜高、高職、五專學校實施特色招生之特色課程規劃研究。
4. 國家教育研究院（103.1.7），《十二年國民基本教育課程發展指引》。
5. 國家教育研究院（2014），《十二年國民基本教育課程發展建議書》。
6. 國家教育研究院（2014），《十二年國民基本教育課程發展指引》。
7. 國家教育研究院（2016），《國語文課程手冊》，臺北：國家教育研究院。
8. 教育部（1998），《國民教育階段九年一貫課程總綱綱要》，臺北：教育部。
9. 教育部（2000），《國民中小學九年一貫課程暫行綱要》，臺北：教育部。
10. 教育部（2000），《學校本位課程發展基本理念與實施策略》。
11. 教育部（2001），《教學創新九年一貫課程問題與解答》，臺北：教育部。
12. 教育部（2003），《國民中小學九年一貫課程綱要》，臺北：教育部。
13. 教育部（2014），《十二年國民基本教育課程綱要》，臺北：教

育部。

14. 蔡清田（2011），《素養：課程改革的DNA》，臺北：高等教育。

15. 蔡清田（2014），《國民核心素養：十二年國教課程改革的DNA》，臺北：高等教育。

16. 蔡清田、洪若烈、陳延興（2011），《K-12中小學課程綱核心素養與各領域之聯貫體系研究》，國家教育研究院總計畫期末報告。NAER-99-12-A-05-00-2-11。

17. 薛雅慈（曉華），《因應十二年國教下我國高中特色課程政策的發展趨勢：兼論當前優質化高中特色課程發展型態》，2017.2.1造訪此網站tkuir.lib.tku.edu.tw:8080/dspace/retrieve/52764/師大_1.doc

18. 薛雅慈（曉華），因應十二年國教下我國高中特色課程政策的發展趨勢：兼論當前優質化高中特色課程發展型態。2017.2.1造訪此網站tkuir.lib.tku.edu.tw:8080/dspace/retrieve/52764/師大_1.doc

19. 簡菲莉〈從功能領導到動能領導：實踐探究0與1之間的學校領導〉，《教育的想像——演化與創新》（2015, P.139-160）

英文部分

1. Aoki, T. T. (2005). Curriculum in a New Key: The Collected Works of Ted T. Aoki. Edited by William F. Pinar and Rita L. Irwin. Chapter 9: Legitimation Live Curriculum: *Toward a Curricular Landscape of Multiplicity*. 1993. pp. 199-218.

2. Eggleston, J. (1980). *School-based curriculum* development in Britain. London: RKP.

3. Jay McTighe、Grant Wiggins著，侯秋玲、吳敏而譯（2016），《核心問題：開啓學生理解之門》，臺北：心理出版社。

Note

Note

Note

國家圖書館出版品預行編目資料

漾-智造特色：朝向高中多元選修課程之理論
與實務／顧蕙倩等著. －－初版. －－臺北
市：五南，2017.07
　　面；　　公分
ISBN 978-957-11-9132-4（平裝）

1.國文科　2.教學方案　3.中等教育

524.31　　　　　　　　106004406

1X7J

漾～智造特色

朝向高中多元選修課程之理論與實務

主　　　編 — 顧蕙倩

作　　　者 — 宋怡慧　張馨云　黃琇苓　顧蕙倩　歐陽宜璋

發 行 人 — 楊榮川

總 經 理 — 楊士清

副總編輯 — 黃惠娟

責任編輯 — 蔡佳伶　簡妙如

封面設計 — 黃聖文

出 版 者 — 五南圖書出版股份有限公司

地　　　址：106台北市大安區和平東路二段339號4樓

電　　　話：(02)2705-5066　傳　　真：(02)2706-6100

網　　　址：http://www.wunan.com.tw

電子郵件：wunan@wunan.com.tw

劃撥帳號：01068953

戶　　　名：五南圖書出版股份有限公司

法律顧問　林勝安律師事務所　林勝安律師

出版日期　2017年7月初版一刷

定　　　價　新臺幣380元